한국의
관제신앙

한국의 관제신앙

2004년 11월 25일 인쇄
2004년 11월 30일 발행

지은이 ㅣ 김 탁
펴낸이 ㅣ 이찬규
펴낸곳 ㅣ 선학사
등록번호 ㅣ 제03-01157호
주소 ㅣ 140-011 서울시 용산구 한강로1가 141-3
전화 ㅣ 02-795-0350
팩스 ㅣ 02-795-0210
이메일 ㅣ sunhaksa@korea.com
홈페이지 ㅣ www.ibookorea.com

값 15,000원

ISBN 89-8072-160-9 93250

한국의 관제 關帝 신앙

김탁(金鐸) 지음

선학사

머리말

필자가 『삼국지연의(三國志演義)』를 읽은 것은 벌써 30여 년 전인 국민학교 5학년에 재학할 무렵이었다. 당시에는 지금처럼 다양한 텔레비전 프로그램이나 컴퓨터 게임이 없었기 때문에, 방학 때가 되면 아이들은 위인전기나 소년소녀문고 등을 읽는 것이 거의 유일한 소일거리였다.

돌이켜 생각하면 어려운 한자가 많이 나오고 4단 세로 편집의 두터운 『삼국지연의』 5권을 서너 번씩이나 읽었다는 사실이 놀라울 따름이다. 뭘 제대로 알고 읽었으랴마는, 유비, 관우, 장비의 도원결의가 멋져 보여 가까운 친구끼리 의형제를 맺는 자그마한 서약식도 가졌을 정도였다. 그리고 제갈공명의 신출귀몰한 책략에 반해 단번에 그를 흠모와 존경의 대상으로 삼았고, 동탁과 조조를 괜히 미워했으며, 초선의 아름다움을 남몰래 상상했고, 조자룡의 용맹담에 흠뻑 빠지기도 했었다.

그 가운데 관우는 공부도 잘하고 싸움도 잘하는 아이와 같이 도대체 허점이라고는 찾아볼 수 없는 이상적인 인물로 내 가슴에 깊이 남았다. 다른 등장인물들이 문약하거나 무용만을 자랑하는 데 비해, 관우는 문무를 겸전한 뛰어난 인물이었던 것이다.

책에 등장하는 수많은 인물들이 그토록 생생하게 다가왔던 적은 이전에는 없었다. 당시 삼국지에 나오는 인물들은 친구들과의 대화에도 심심찮게 언급되었고, 서로가 감명깊게 느낀 부분을 자랑삼아 이야기하기에 바빴다. 그만큼 삼국지를 읽는 일은 하나의 유행을 이루었고, 아이들의 문화현상으로까지 자리를 잡았었다.

세월이 흘러 삼국지에 나오는 이야기가 사실이 아니라 거짓(?)이라는 뜻밖의 진실을 접하게 되었다. 어찌나 서운하던지, 그렇다면 세상의 모든 것이 가짜가 아닐까라는 발칙한 생각이 들 정도였다.

필자가 이 글을 쓰게 된 것은 작년 봄에 인하대학교 박물관장으로 계시던 서영대 교수님으로부터 원고 청탁을 받은 일이 결정적 계기가 되었다.

한국종교에 관심을 가지고 연구하는 필자는 남보다 많이 다양한 여러 종교단체들을 답사할 기회를 가졌다. 그 과정에서 삼국지에 나오는 멋있는 삼각수염을 휘날리며 청룡언월도를 들고 적토마를 탄 관우가 왜 우리나라에서도 많은 사람들에게 신앙되고 있을까가 늘 궁금했다.

어린 시절을 떠올릴 때마다 잊혀지지 않았던 삼국지와 얽힌 추억을 더듬으며, 관우(關羽)가 관제(關帝)로 오랫동안 믿어져왔던 역사를 밝혀보고 한국에서 관제신앙이 가지는 의미를 탐구해 보았다. 삼국지라는 광활한 무대에 등장하는 생생한 인물들을 사랑하는 모든 이에게 삼가 이 자그마한 책을 바친다.

이 글을 완성하는 과정에서 귀중한 자료를 선뜻 제공해 주신 서울대학교 이용범 박사님과 국립민속박물관 장장식 박사님께 이 자리를 빌려 감사드린다. 그리고 필자가 현지답사를 할 때 도움을 주신 교단 관계자 분들께도 감사드리며, 특히 미륵대도의 나재혁 부장님께 고마움을 표한다.

2004년 11월

백운산(白雲山) 아래 청량서실(淸涼書室)에서

필자 쓰다

차 례

중국 관제신앙의 형성

필자는 이 책에서 중국 후한(後漢)시대의 유명한 영웅인 관우(關羽)가 후대에 이르러 왕(王)과 제군(帝君)의 지위로까지 추증(追贈)된 후, 마침내 위대한 신격(神格)으로 숭배되는 과정을 간략히 살펴보겠다. 즉 단순한 영웅적 인물에 대한 관우숭배(關羽崇拜)가 종교적 신앙대상으로서의 관제신앙(關帝信仰)으로 변모되는 역사적 전개가 과연 어떻게 이루어졌으며, 그 주요한 요인은 무엇인가를 고찰하고자 한다.

영웅 관우에 대한 개개인의 흠모와 존경이 모여 점차 집단적인 숭배감으로 연결되고, 그 후 이러한 숭배감이 집약되어 이제 관우는 속(俗)된 인간의 영역을 벗어나 인간들의 고민과 어려움을 해결해주고 그들의 바람을 충족시켜 주는 관제(關帝)라는 성(聖)스럽고 초월적 존재인 신(神)으로 믿어진다. 어떻게 이런 일이 가능했으며, 왜 그랬을까?

이러한 의문을 풀기 위해 필자는 먼저 역사적 인물 관우가 생존했던 지역인 중국의 관제신앙의 형성과정을 여러 기록들을 통해 알아보고, 현

재 중국문화권에서 관제신앙이 어떻게 믿어지고 있는지를 간략히 살펴보
겠다.

나아가 필자는 나름대로 이미 완결된 형태였던 중국 관제신앙이 우리
나라에 유입되는 과정을 알아보고, 한국종교사에 보이는 관제신앙의 여러
양상을 살펴본 다음 그 특성을 규명하고자 한다.

1. 역사적 인물로서의 관우

관우(關羽)는 중국 후한(後漢) 환제(桓帝) 연희(延熙) 3년(160) 무렵에
산서성(山西省) 해현(解縣)에서 태어나서 동한(東漢) 헌제(獻帝) 건안(建
安) 24년(219)까지 살았던 인물이다.

실존인물로서의 관우에 대한 기록은『삼국지(三國志)』「촉서(蜀書) 관
장마황조전(關張馬黃趙傳)」에 1천여 자 정도 나온다. 그가 언제 태어났는
지는 명확하기 않고, 죽었다는 기록은 확실하다.

관우는 후한말(後漢末)의 동란기에 유비(劉備)와 장비(張飛)를 만나 함
께 의형제를 맺고, 평생 그 의(義)를 저버리지 않았다. 헌제 건안 5년
(200) 유비가 조조(曹操)에게 패했을 때, 관우는 조조에게 사로잡혀 귀순
종용과 함께 극진한 예우를 받았다. 이에 관우는 조조의 적인 원소(袁紹)
의 부하 안량(顏良)을 베어 조조의 후의에 보답한 다음, 결연히 유비에게
돌아갔다. 헌제 건안 13년(208) 적벽대전(赤壁大戰) 때 관우는 수군(水
軍)을 인솔하여 큰 공을 세웠고, 유비가 익주(益州)를 공략할 때에는 형주
(荊州)에 주둔하여 촉(蜀)의 동쪽 방위를 맡았다. 그의 무력(武力)과 위풍
(威風)은 조조(曹操)와 손권(孫權)마저 두려워할 정도였고, 특히 조조는

관우의 예봉을 피해 천도(遷都)를 고려했을 정도였다. 그러나 형주에서 촉나라 세력의 확립을 위해 노력하던 관우는, 조조와 손권의 협공을 받고 부하들의 배신과 적의 계략에 빠져, 마침내 손권에게 사로잡혀 아들 관평(關平)과 함께 처형당했다.

『삼국지』에는 관우가 조조의 군영에 있었던 7개월 동안 보여준 의로운 행동, 유비를 대신한 형주성 수성(守城)과 전쟁에서의 승리, 팔에 박힌 독화살을 빼는 수술 때 보여준 의연한 모습 등이 간략하게 서술되어 있고, 그가 다소 경솔하고 교만한 성격의 소유자였지만 만 명을 상대할 만한 〈萬人之敵〉 당대의 용맹한 신하〈爲世虎臣〉였다고 기록했다.[1]

2. 전설적 영웅으로서의 관우

양말(梁末)에 일어난 후경(侯景)의 난(亂)(548~552) 때 육법화(陸法和)가 난의 진압에 나서 후경의 부장인 임약(任約)의 군대를 대파했다. 당시 강릉(江陵) 지역의 많은 신들이 도왔다는 전설이 전하는데, 이 때 관우의 신령도 그를 도왔다고 한다.

그리고 진대(陳代, 557~589) 말기와 수대(隋代, 581~618) 전후에 살았을 것으로

호북성 당양현에 있는 관릉(관우의 몸통이 매장된 묘)

1) 『삼국지(三國志)』 권36, 「관장마황조전(關張馬黃趙傳)」 제6.

추정되는 천태종의 창시자 지의(智顗) 선사가 관우를 옥천사(玉泉寺)의 현렬묘(顯烈廟)에 모셔서 제도(濟度)했다는 영험담이 전한다.2) 그런데 진(陳) 임해왕(臨海王) 광대(光大) 년간(567~568)에 옥천사가 세워졌다는 기록도 있다.3)

또 왕세정(王世貞)이 "수(隋) 문제(文帝) 개황(開皇, 581~600) 년간에 관우의 혼령이 7일 동안 신귀(神鬼)를 부려서 호북성(湖北省) 당양현(當陽縣)에 옥천사를 세웠다."는 전설을 전한다. 관우가 일반인들의 존경을 받기 시작한 것은 당나라 중기였는

중국 해주의 관제묘 도루

데, 당(唐) 고종(高宗) 의봉(儀鳳) 원년(676)에는 관우가 옥천산사(玉泉山寺)의 가람(伽藍) 수호신으로 모셔졌다. 그리고 관우가 죽어서 신령(神

---

2) 그의 제자 관정(灌頂)이 수찬한『수천태지자대사의별전(隋天台智者大師顗別傳)』이나 수대(隋代) 당양현령(當陽縣令)을 역임한 황보곤(皇甫昆)이 쓴 「옥천사지자선사비문(玉泉寺智者禪師碑文)」에는 언급되지 않는다. 오랜 시간이 흐른 다음 당(唐) 덕종(德宗) 정원(貞元) 18년(802)에 동정(董侹)이 쓴 『형남절도사강릉윤배공중수옥천관묘기(荊南節度使江陵尹裵公重修玉泉關廟記)』에 실려 있다.

3) 청(淸) 강희(康熙) 32년(1693)에 노방심(盧汸深)이 편집한『관성제군성적도지(關聖帝君聖蹟圖誌)』권3 분묘고(墳墓考)에 기록되어 있다. 이후 송(宋) 철종(哲宗) 소성(紹聖) 3년(1096)에 "촉(蜀)의 한수정후(漢壽亭候) 사당에 묘액(廟額)을 내려 현렬(顯烈)이라 이름했다."고 한다.

靈)이 되어 옥천산 아래에 머무르면서 이 지역의 흥망과 곡식의 풍흉을 좌우한다고 믿어졌다.[4]

이처럼 당대(唐代)에 관우가 숭배되었고 그를 모신 사당도 존재했을 개연성은 충분하다.[5] 그러나 관우는 생전의 거점지였던 형주(荊州)와 고향을 중심으로 한 제한적인 지역에서만 수호신으로 숭배되었다.[6] 이후 송대(宋代)에 들어와서와 관우숭배는 본격적으로 중국 전역으로 확산되기 시작한다.

송대(宋代) 휘종(徽宗) 정화(政和, 1111~1117) 년간에 궁궐에 귀신의 앙화(殃禍)가 있었는데, 어떤 도사가 금갑(金甲)을 입은 장부(丈夫)를 불러 귀신을 잡아 씹어먹어 없애게 했다는 전설이 있다.[7] 이때 왕이 도사에게 "그 장부가 누구냐?"고 묻자, 도사가 "숭령진군(崇靈眞君) 관우입니다."라고[8] 대답했고, 다시 왕이 "그렇다면 장비(張飛)는 어디에 있느냐?"고 묻자, 도사가 "장비는 악씨(岳氏) 집안에 태어났습니다."고 대답했다고 한다.

또 이 무렵[9] 관우가 자신의 고향인 하동(河東) 해주(解州)의 못이 말라

---

4) 이경선, 「관우신앙에 관한 고찰」, 『논문집』 제8집(한양대학교, 1974), 12쪽.
5) 그러나 관우에 대한 신격화가 이때부터 시작되었다고 보기는 힘들다. 도교 신격의 위계를 서술한 도홍경(陶弘景, 456~536)의 『진령위업도(眞靈位業圖)』에 조조와 유비는 지옥의 판관(判官)으로 등장하지만, 관우는 등장하지 않기 때문이다. 二階堂善弘, 『中國の神さま』(平凡社, 2002), 33面.
6) 蔡東洲, 文廷海, 『關羽崇拜研究』(成都 巴蜀書社, 2001), 33面.
7) 이익, 「관왕묘」, 『성호사설』 IV(민족문화추진회, 1974), 56쪽.
8) 송나라 휘종 숭녕(崇寧) 원년(1102)에 숭녕진군(崇寧眞君)에 봉했다는 기록으로 볼 때 오기(誤記)이다. 배광세계, 『조선시대 도교사상의 전개양상 연구』(한국정신문화연구원 한국학대학원 석사학위논문, 1994), 21쪽. 그런데 실은 이때 조정에서 관우를 충혜공(忠惠公)에 봉했고, 1105년에 가서야 숭녕지도진군(崇寧至道眞君)에 봉했다. 전인초, 「관우」, 『인문과학』 제78집(연세대학교 인문과학연구소, 1997), 18쪽.
9) 이 사건이 송(宋) 대중상부(大中祥符) 7년(1014)에 일어났다고 주장하는 글도 있는데, 근거를 제시하지 않아 확인하기 어렵다. 그러나 이 전설은 원(元) 잡극(雜劇) 「관대왕대파치우(關大王大破蚩尤)」를 통해 널리 알려졌다. 강춘애, 「한국 관묘와 중국 관우희(關羽戲) 연구」, 『샤머니즘 연구』 제4집(한국샤머니즘학회, 2002), 413쪽~414쪽.

중국 해주의 관제묘 숭청전

소금을 채취하기 어렵게 되었을 때, 현령(顯靈)하여 풍우(風雨)를 구사(驅使)해 치우(蚩尤)를 물리치고 염지(鹽池)를 지켰다."는 전설도 있다.10) 이 일이 송 휘종 숭녕 5년(1106) 여름에 일어났다는 기록이 전한다.11)

송대부터 청 고종 건륭년간까지 7백여 년 동안 염지에는 20차례나 이상현상이 발생했다. 당시 사람들은 염지의 이상현상이 요괴의 장난으로 보고 초월적인 능력을 지닌 신령을 통해 이를 물리치고자 했으며, 해주가 고향인 관우가 이러한 재앙으로부터 염지를 지켜준다고 믿었다.12) 이처럼 관우가 요괴를 물리치는 내용은 『삼교원류신신대

10) 이익(李瀷, 1681~1763), 「관왕묘」, 『성호사설』 Ⅳ(민족문화추진회, 1974), 55쪽에서 재인용. 또 이익은 관제신앙이 황탄하다고 평가하며, 관우가 피살되었으므로 그의 죽음을 패사(敗死)로 표현해야 한다고 주장했다. 이익, 「관왕묘」, 『성호사설』 Ⅶ(민족문화추진회, 1977), 134쪽.
11) 『선화유사(宣和遺事)』 전집(前集)과 청나라 고종 건륭(乾隆) 시기(1736~1795)에 쓰여진 『해주전지(解州全志)』에도 인종 7년(1047)에 염지(鹽池)의 소금 생산을 방해한 치우를 물리치는 관우 이야기가 나온다. 梅錚錚, 『忠義春秋』(四川人民出版社, 1994), 71面~73面.
12) 원대(元代) 잡극(雜劇) 가운데 대표적인 것이 「관운장대파치우(關雲長大破蚩尤)」이다. 송 휘종 때 해주의 염전에 치우의 농간으로 가뭄이 들었다. 이에 도사가 해주 땅의 토지신인 관공(關公)에게 치우를 물리쳐 줄 것을 부탁한다. 관우가 치우와 싸움을 벌여 승리하여 염전이 정상으로 돌아왔다는 내용이다.

전(三教源流搜神大全)』, 『역
대신선통감(歷代神仙通鑒)』,
『관제지(關帝志)』 등에 기록
되어 있다.13)

이와 관련하여 "관왕(關王)
에 대해 당대(唐代) 이전에는
아무런 말이 없었다가, 송대
(宋代)에 염지(鹽池)에서 현
성(顯聖)한 일이 있은 이후 위
령(威靈)이 나타나기 시작했
다."는 주장이 있다.14) 그리고
청대(淸代) 조익(趙翼)은 『해
여총고(陔餘叢考)』에서 "일반
적으로 어떤 인물이 사후에 신
이 되는 경우 수백 년 동안 혁혁
한 영험을 드러내다가 점차 신

중국의 관제상

으로 존숭되는데, 유독 관우는 삼국시대, 육조시대, 당대, 송대까지 줄곧
제사를 받지 못했다."고 지적했다.

송(宋) 휘종 숭녕(崇寧, 1102~1106) 년간에 수해(水害)로부터 염전을
지키려는 공사가 마무리되었는데, 바로 이때 도교의 일파인 정일파(正一
派) 도사들이 관우가 염전을 지켰다는 전설을 유포했다.15) 염전공사가

---

13) 정연학, 「중국의 무성(武聖), 관우 -명청대 이후를 중심으로 -」,『박물관지』(인하대학교 박물관,
    2004), 64쪽.
14) 이규경, 「관장무(關壯繆)에 대한 변증설」, 『오주연문장전산고』 XX(민족문화추진회, 1981),
    221쪽.

완성되었다는 역사적 사실과 의미를 선양하기 위해 그 지역의 전설적 영웅
인 관우에 대한 설화가 유포되었고, 결국 이러한 일이 국가의 염전 보호
즉 재산 보호라는 사실과 결합되었으며, 그 결과 후대에 관우가 '경제의
수호신' 나아가 재신(財神)으로의 성격을 부여받기 시작했다고 보기도 한
다.16)

한편 관우의 고향인 해현(解縣)에서 생산되는 소금을 전매하던 '산서(山
西) 상인'들이 엄청난 부를 축적하고 나중에는 곡물, 직물, 목재, 금융,
유통업 등에도17) 손을 뻗어 명청(明淸) 시대에 이르면 중국 전역의 경제를
지배하게 되었고, 이러한 사실에 근거하여 해현을 대표하는 인물인 관우가
재물신으로 모셔졌다는 주장도 있다.18)

3. 국가의 수호신으로 모셔진 관우 : 중국 제왕들의 가 봉(加封)

관우는 생전인 헌제 건안 5년(200)에 조조가 표를 올려 한수정후(漢壽亭
侯)라는 봉호를 받았다.19) 촉(蜀)의 후주(後主) 유선(劉禪)이 그가 죽은

---

15) 가네이노 리유끼(金井德幸), 「社神と道教」, 『道教』2(東京, 平河出版社, 1988), 186面~187面.
16) 점차 시간이 지나면서 행운을 가져다주고 재산도 모을 수 있게 도와주는 신으로 변모해 갔다.
    전란중이라면 무신이 가장 중요한 존재이지만, 평화시대가 되면 무신을 믿는 사람은 군인 등
    소수에 불과할 것이다. 마노 다카야 지음, 이만옥 옮김, 『도교의 신들』(들녘, 2001), 91쪽.
17) 관우는 피혁업(皮革業), 향촉업(香燭業), 주단상(綢緞商), 주업(廚業), 두부업(豆腐業), 이발업
    (理髮業), 은전업(銀錢業), 전당업(典當業), 군정관아(軍政官衙), 무사(武師), 교육업, 명상가(命
    相家) 등 22개 업종에 종사하는 사람들의 보호신으로 믿어진다. 蔡東洲, 文廷海, 『關羽崇拜研究』
    (成都 巴蜀書社, 2001), 271面~280面.
18) 이마이즈미 준노스케(今泉恂之介) 지음, 이만옥 옮김, 『관우-삼국지의 영웅에서 의리와 부의
    신이 되기까지-』(예담출판사, 2002), 25쪽~27쪽. 지금도 중국 전체의 소금 생산량의 74%가
    해지(解池)에서 생산된다.

지 41년 후인 경요(景耀) 3년(260)에 장무후(壯繆侯)라는 시호를 내렸다.

당(唐) 덕종(德宗) 건중(建中) 3년(782)에 관우는 태공망(太公望) 여상(呂尙)을 주신(主神)으로 모신 무성왕묘(武聖王廟)에 종신(從臣)으로 배향되었고,[20] 송(宋) 태조(太祖) 개보(開寶) 3년(970)에 전대(前代)의 공신을 사(祠)에 봉했을 때 관우도 함께 모셔졌다.[21]

이후 북송(北宋) 철종(哲宗)이 소성(紹聖) 3년(1096)에 관우와 관련된 전설이 전하는 옥천사에 현렬묘(顯烈廟)라는 편액을 내렸다.

송대(宋代)에 이르러 북방에서 거란족인 요(遼)와 여진족인 금(金)이 세력을 떨쳐 사회가 혼란해지자, 휘종(徽宗)은 관우의 음조(陰助)를 바라며 숭령(崇寧) 원년(1102)에 충혜공(忠惠公)에 봉했고, 숭녕 4년(1105)에는 숭녕지도진군(崇寧至道眞君)으로 고쳐 봉했으며,[22] 대관(大觀) 2년(1108)에는 무안왕(武安王)에 봉했다.[23] 휘종은 국가적 위기상황에서 나라를 구할 영웅의 출현을 기대하는 민중들의 심리를 이용하고 그들의 지지를 얻기 위해,[24] 관우를 호국신(護國神)으로 내세워 국가의 안녕을 도모했던 것이다.

---

19) 제(帝), 왕(王), 공(公), 후(侯), 백(伯), 자(子), 남(男)의 서열로 관위(官位)가 정해졌다. 공(公) 이후는 작(爵)을 붙여서 부른다. 후(侯)에는 현후(縣侯), 향후(鄕侯), 정후(亭侯), 열후(列侯)의 구분이 있으므로, 관우가 받은 봉호는 '4등급의 3품'이다. 이때 받은 봉지(封地)가 호남성 북부에 있는 동정호(洞庭湖) 부근의 한수(漢壽)라는 곳이다.

20) 소재영, 『『임진록』 설화의 문학적 가치』 『숭전대학교 논문집』 제9집(1979), 137쪽, 배광세계, 『조선시대 도교사상의 전개양상 연구』(한국정신문화연구원 한국학대학원 석사학위논문, 1994), 21쪽~22쪽, 심승구, 「조선후기 무묘(武廟)의 창건과 향사(享祀)의 정치적 의미 -관왕묘를 중심으로-」, 『조선시대의 정치와 제도』(집문당, 2003), 415쪽에서 재인용.

21) 『선조실록』 선조 31년(1598) 5월 12일조.

22) 숭녕은 바로 휘종의 연호이며, 이 해는 숭녕 4년이다. 그리고 진군(眞君)은 도교식의 존호이므로 이때부터 관우가 본격적으로 도교적 신격으로 거듭났다고 볼 수 있다.

23) 남송(南宋)의 고종과 효종도 관우를 왕으로 봉했고, 원(元)의 문종도 왕으로 봉했다.

24) 당시는 이미 삼국시대의 단편적 고사들이 민간문예작가들의 손에 의해 큰 골격을 짜 나가던 시기였다.

중국 해주의 관제묘 인루

당시 송나라 정권은 이민족과의 오랜 전쟁과 대치상태에서 무엇보다도 한족(漢族) 왕조의 정통성을 유지하는 일이 긴박한 과제였다. 위기에 처한 왕조에 대한 충성이 결정적으로 요청되던 이러한 시기에 관우는 한(漢) 왕조의 정통성을 지키기 위해 목숨을 바쳤던 '충의(忠義)의 화신'으로 부각되었다.

어쨌든 국가적 차원의 봉호 수여는 외환(外患)이나 재난이 있을 때 이를 평정하는 관우의 위령(威靈)이 나타난다는 믿음으로 전개되었고, 이러한 믿음을 더욱 권장하기 위해 정부가 주도하여 도처에 관왕묘를 짓게 했고, 결국 관제신앙(關帝信仰)은 급격하게 확대재생산되었다. 이처럼 애초부터 관제신앙은 정치적, 사회적 필요에 의해 형성되었다.

또 원대(元代)에 궁중에서 불사(佛事)를 할 때 신단(神壇)에 관우의 상(像)을 모셨다는 기록이 정사(正史)에 보인다.25) 몽골족 정권인 원나라도 정책적 차원에서 관제신앙을 확산시켰던 것이다. 즉 원의 통치자들은 한(漢)민족을 원활하게 통치하고 교화하기 위해 몰락한 송(宋)의 귀족이나 유력자들의 협조를 구해야 했고, 이러한 맥락에서 송의 호국신이었던 관제를 수용했다. 그리고 관제신앙은 피지배계층의 새로운 왕조에 대한 충성심을 고양하기 위한 방편으로서도 유용했기 때문에 전국적으로 장려했다. 그 결과 관왕묘가 도시를 중심으로 중국 곳곳에 설립되었고, 관제신앙

25) 『원사(元史)』, 제사지(祭祀志).

에 대한 책이 간행되기 시작했다.26)

그런데 명대(明代)에 이르러 태조(太祖)는 홍무(洪武) 1년(1368) 관우에게 한수정후라는 처음의 봉호를 다시 내렸고, 홍무 27년(1394)에는 한전장군수정후(漢前將軍壽亭侯)에27) 추증했다.28) 관우가 왕에서 다시 제후로 격이 떨어진 것이다. 무슨 이유가 있었는지는 명확하지 않지만, 명 태조가 관우의 도움으로 전쟁에서 이겼다는 전설을29) 고려해 볼 때 매우 의외의 일이다.

그런데도 명 태조는 홍무(洪武) 6년(1373) 월성묘(月城廟)를 지어 관우를 무신(武神)과 재신(財神)으로 제사지냈다.30) 그는 홍무 28년(1395)에는 남경 계명산(鷄鳴山)에 황실전용사원인 계명사(鷄鳴寺)를 짓고 관리를 파견하여 관제의 출생일인 5월 13일에 제사를 지내게 했다.31) 이후 관제묘에는 관원, 제수 등이 명시되어 국가에서 정기적으로 제사지냈다.32)

또 관우가 명나라의 존경과 숭상을 받기 시작한 것은 성조(成祖)인 영락제(永樂帝, 재위기간 1402~1424)가 타타르족을33) 정복할 때 영험을

---

26) 원(元) 무종(武宗) 지대(至大) 원년(1308)년에 호기(胡琦)가 『관왕사적(關王事蹟)』을 간행했던 일이 대표적 사례다.

27) 훗날 세종(世宗) 가정(嘉靖) 10년(1531)에 한(漢)이 나라 이름이 아니라는 사실을 알고 한전장군한수정후(漢前將軍漢壽亭侯)로 개칭했다.

28) 『명사(明史)』 권50 예지(禮志). 이때 남경의 계룡산(鷄籠山, 또는 계명산(鷄鳴山)) 남쪽에 관공묘(關公廟)를 세웠다.

29) 명 태조 주원장(朱元璋)이 번양에서 전쟁할 때, 그가 탄 배가 여울목에 붙었었는데 관왕(關王)이 나타나 바람 머리를 돌려주어 적의 전함을 불태울 수 있었다고 한다. 이익, 『성호사설』 4권(민족문화추진위원회, 1985), 55쪽. 윤국형(尹國衡), 「갑진만록(甲辰漫錄)」, 『대동야승(大東野乘)』 권(卷) 55.

30) 『대전회통(大典會通)』 「군사조(群祀條)」 명(明) 태조(太祖) 홍무(洪武) 6년(1373). 이경선, 앞의 글, 12쪽에서 재인용.

31) 『明太祖實錄』, 卷21.

32) 『續文獻通考』, 卷110.

관림의 관우상

내린 일에서 비롯된다는 주장도 있다.34)

　성조(成祖) 영락(永樂) 19년(1421) 남경에서 북경으로 천도한 후, 성조는 "관우가 백마를 타고 명군(明軍)을 도와 전쟁을 이기게 했다."는 이야기를 유포하고, 북경 지안문(地安門) 외곽에 백마관제묘(白馬關帝廟)를35) 짓고 제사지냈다.36) 이때 황제의 상징인 용과 봉황이 그려진 깃발

---

33) 타타르족이 아니라 영락제가 몽고군을 정벌할 때 안개가 자욱하더니 관우의 신령이 백마를
　　타고 선도하는 것을 보았다는 주장도 있다. 강춘애, 앞의 글, 415쪽.
34) 김의숙, 「홍천군 붓꼬지의 관성사 연구」, 『강원지역문화연구』 제2호(강원지역문화연구회,
　　2003), 97쪽.
35) 성조(成祖) 즉 영락제가 북정(北征)할 때 관제(關帝)가 적토마가 아니라 백마를 타고 나타났다
　　는 전설에 따라 이름지었다고 한다. 그런데 영종(英宗, 재위기간 1435~1449)의 꿈에 관우의

을 세우고, 매년 정월 초하루, 삭망, 동지에 제의를 치렀다. 이처럼 영락(永
樂) 기간에는 관우에 대한 제사가 25번으로 늘어나 관제의 지위가 더욱
상승되었다.37)

　헌종(憲宗) 성화(成化) 13년(1477)에는 백마관제묘가 오래되어 파손
되자 다시 지었다. 특히 중수(重修)와 관련하여 세워진 묘비에 관제를 섬
기는 목적이 농작물의 풍년, 백성의 교육, 물질적 풍요, 국왕의 장수 등이
라고 밝혔다.38)

　무종(武宗) 정덕(正德) 4년(1509)에는 남경(南京)의 관제묘에 관우의
충절과 무공을 기리는 "충무(忠武)"라는 묘액을 써서 걸었는데, 이는 명나
라 왕실에서 관제묘에 내린 최초의 사액이다.

　어쨌든 명(明) 무종(武宗)과 세종(世宗) 때에도 여전히 장군 또는 제후
의 지위에 머물렀던 관우는 신종(神宗) 만력(萬曆) 10년(1582)에 협천대
제(協天大帝)로 격상되었다. 이때부터 본격적인 관제신앙이 시작된다. 이
후 관우는 만력 18년(1590)에 협천대제호국진군(協天大帝護國眞君)에
봉해져 도교적 신(神)의 반열에 들어선다.

　그 후 국제전(國際戰)이었던 임진왜란(壬辰倭亂)이 발발하여 명(明)이
조선(朝鮮)에 원군(援軍)을 파견하면서부터 전쟁신 관우에 대한 관심은
더욱 커졌다. 임진왜란이 일어난 지 2년 후인 신종(神宗) 만력(萬曆) 22년
(1594)부터 이전의 관왕묘를 관제묘(關帝廟)로 승격시켰다.39) 더욱이

　　신령이 이 곳에 와서 관왕묘를 중수하라고 했다는 기록도 있다.
36) 『古今圖書集成』 卷37, 「關聖帝君部」
37) 蔡東洲, 文廷海, 『關羽崇拜硏究』(巴蜀書社, 2001), 157面~158面.
38) 蔡東洲, 文廷海, 『關羽崇拜硏究』(巴蜀書社, 2001), 158面~160面.
39) 『해여총고(陔餘叢考)』에 따르면 만력 22년(1594) 도사(道士) 장통원(張通元)의 청에 의해
　　관우의 작위를 제(帝)로 하고, 묘를 영렬(英烈)이라 했다.『대한화사전(大漢和辭典)』11권, 774
　　면, 777면.

관림의 관총

중국 해주의 관제묘 결의원

후금(後金)이 새롭게 등장하여 명(明)을 압박하자, 관우에 대한 숭배열은 더욱 고조되었다.[40]

마침내 관우는 만력 42년(1614)에 삼계복마대제신위원진천존관성제군(三界伏魔大帝神威遠鎭天尊關聖帝君)에 봉해져 어마어마한 권능을 가진 신으로[41] 믿어지기 시작했다.[42]

명(明)의 희종(熹宗, 재위기간 1621~1627)은 궁궐 안에 두 개의 관제상(關帝像)을 모셔서 관제 숭배의 열기를 고조시켰다.

명나라 마지막 황제인 주유검(朱由檢)은 관우에게 공자와 동등한 지위를 부여했다. 이는 관우를 이용해 내부적으로는 농민봉기를 막고, 외부적으로는 만주에서 일어난 후금(後金)의 침입을 막으려는 의도였다.[43]

청(淸)의 개국 시조인 누루하치는 전쟁 승리의 원인을 관우의 신령이 보우한 결과로 선전했다.[44] 누루하치의 관상이 황제의 용모임을 알았던 요동 지역의 총병(總兵)이 그를 죽이려고 군사를 파견하자, 관제가 누루하치를 도와 생명을 구해주었다는 전설과 관제가 나타나 눈을 녹여 청나라 군사들의 길을 터 주었다는 이야기 등이 전한다.[45]

누루하치와 그의 아들 황태극(黃太極)은 『삼국지연의』와 『수호지』를 정치적, 군사적 지침서로 활용하였다. 특히 황태극은 『삼국지연의』를 만주문자로 번역하여 관리들에게 제공하는 등 그 보급에 많은 노력을 기울였다.

또 청(淸) 태종(太宗, 재위기간 1626~1643)은 북경에 사묘(祠廟)를

40) 심승구, 앞의 글, 416쪽~417쪽.

41) 관성제군에 봉해지면서 비로소 관우는 인간의 세계를 떠나 신의 전당에 들어간다. 조재송, 위의 글, 184쪽.

42) 10월 11일의 일이며 정양문(正陽門)에서 제사했다. 『대한화사전』 권1, 660면. 일부 자료에는 진(鎭)을 진(震)으로 적기도 한다. 「關聖帝君徵信編」, 『關帝文獻匯編』 3권(國際文化出版公司, 1995), 154面. 5권 90面.

43) 兪樾, 『茶香室續鈔』, 卷19, 「關夫子之稱起于明季」

44) 조재송, 「『삼국연의』 관우 형상에 대한 사상사적 고찰」, 『중국학연구』(1999), 185쪽.

45) 蔡東洲, 文廷海, 『關羽崇拜研究』(巴蜀書社, 2001), 171面~172面.

중국 태평궁 재신전의 관제상

짓고 석가, 관음, 관제를 함께 모셨다.46) 군대에서는 관제를 전쟁의 신인 무신(武神)으로 신봉되었는데, 태종은 천총(天聰) 1년(1627) 조선을 정 벌하고자 출정할 때 관제를 '삼군지수(三軍之帥)'로 받들었다.47) 또 그는 천총 2년(1628)에는 심양(沈陽) 북문에 관제묘를 짓고, 친히 "의고춘추 (義高春秋)"라는 편액을 내리기도 했다.48)

세조(世祖)는 순치(順治) 원년(1644) 연경(燕京)에 관제묘를 건립하여 매년 5월 13일에 관제에게 제를 지낼 것을 명했고,49) 순치(順治) 9년 (1652)에는 충의신위관성대제(忠義神威關聖大帝)에 봉했다. 이는 문묘 (文廟)의 주신(主神)인 공자(孔子)가 문선왕(文宣王)이라는 왕호(王號)를 받는 것에 비해, 제호(帝號)로 받들어지는 파격적인 일이었다. 순치 12년 (1655)에 북경 덕성문 밖의 관제묘를 수리할 때도 세조가 친히 비문을 썼으며, 북경 9개 성문마다 관제묘를 세웠다.

그리고 성조(聖祖, 일명 강희제(康熙帝), 재위기간 1661~1722)가 타이완을 정복할 때도 관우가 영험을 보였다고 한다.50) 그는 강희 58년 (1719)에는 관우의 후손들에게 오경박사(五經博士)를 세습하도록 하는 특권을 주었고, 제사를 계승하게 하였다.

이후 세종(世宗)은 옹정(雍正) 3년(1725)에는 관우의 증조, 조부, 부친 에게도 공작(公爵)의 작위를 내렸고, 옹정 5년(1727) 천하의 직성군읍(直省郡邑)에 모두 관묘(關廟)를 설치하고, 봄과 가을에 2번 제사를 지내고, 5월 13일에 탄생제를 지내게 했다.

---

46) 이경선, 앞의 글, 14쪽.
47) 『淸史稿』, 卷84.
48) 『淸史稿』 吉禮 3.
49) 「關聖帝君部彙考」, 『관제문헌회편(關帝文獻匯編)』 2권(國際文化出版公司, 1995), 45面.
50) 김의숙, 앞의 글, 97쪽.

관림의 배전(拜殿)

　고종(高宗) 건륭(乾隆) 년간(1736~1795)에는 "산서관부자(山西關夫
子)"라 부르기도 했다. 건륭 20년(1755)의 이리(伊犁) 정벌과 건륭 24년
(1759)의 천산남록(天山南麓) 정벌 때 중앙집권을 강화하고 국가에 대한
충의를 강조하고자 관우를 '신용(神勇)'으로 신봉하였다.[51]

　이후 고종(高宗)이 건륭(乾隆) 25년(1760)에 신용(神勇)이라는 시호

51) 張羽新, 「淸朝對其保護神關羽的崇奉」, 『出土文獻硏究』 第4輯(中華書局, 1985), 173面~174面.

를 내렸고, 건륭 33년(1768)에는 영우(靈佑)를 가봉(加封)했다. 또 인종(仁宗)이 가경(嘉慶) 18년(1813)에 인용(仁勇)을 덧붙였고,[52] 선종(宣宗)은 도광(道光) 8년(1828)에 위현(威顯)을 가봉하여 충의신무영우인용위현관성대제(忠義神武靈佑仁勇威顯關聖大帝)이 되었다.[53]

그리고 문종(文宗)은 함풍(咸豊) 3년(1853) 월성묘(月城廟)에 있던 관우의 신위(神位)에 도교의 신명(神名)을 가봉(加封)하여, 그곳이 민간도교 신앙의 중심이 되게 했다.[54] 함풍 5년(1855)에는 관우의 증조, 조부, 부친에게 내렸던 공작의 작위를 왕으로 격상시켜 시호를 내렸다.

또 문종(文宗)은 함풍(咸豊) 2년(1852)과 3년(1853)에 호국(護國)과 보민(保民)을 가봉하였고, 관우에 대한 의례를 중사(中祀)에 포함시켰다.[55] 그리고 6년(1856)에는 정성(精誠)을, 7년(1857)에는 영정(纓靖)을 가봉했다.[56]

하남성 낙양시에 있는 관우의 수총

관제신앙은 아편전쟁(1840~1842) 이후 외국 침략세력에 대항하고 중국인의 정신적 결속을 다지기 위한 수단으로 인식되어 중국 각지에 관제묘가 많이 건립되었다. 당시 북경에만

52) 천리교(天理敎) 농민봉기에 의해 자금성이 위태로울 때 仁宗의 꿈에 관제가 나타나 농민봉기군을 막을 수 있었다고 한다.『淸仁宗實錄』, 卷282.
53) 전인초, 위의 글, 18~19쪽에 잘 정리되어 있다. 그런데 삼계복마대제신위원진천존관성제군이라는 봉호를 받은 것은 만력 33년이 아니라 만력 42년이다. 또 청 고종이 내린 신용(神勇)이라는 시호가 신무(神武)로 바뀐 것은 피휘(避諱)한 것으로 보인다.
54) 이경선, 앞의 글, 14쪽.
41)『청사고(淸史考) 예지(禮志)』길례(吉禮). 군진(軍陣)을 수호하는 깃발에 대한 의례인 기독사(旗纛祀)도 관제묘에 부속시켰다.
56)「關帝全書」卷1,『관제문헌회편(關帝文獻匯編)』5권(國際文化出版公司, 1995), 90面~92面.

116곳의 관제묘가 있었을 정도였다. 특히『삼국지연의』를 각색한 연극을 대단히 좋아했던 서태후(西太后, 1835 ~1908)는 관우를 충성신무영우 인용위현호국보민정성수정익찬선덕관성대제(忠誠神武靈祐仁勇威顯護國 保民精誠綏靖翊贊宣德關聖大帝)에 봉했다. 그 후 관우는 중화민족의 호국 보민(護國保民)의 신으로 승격되었다.57)

1911년 청(淸) 왕조의 마지막 황제인 부의(溥儀)가 퇴위한 이후에도 왕실에서는 관우숭배를 중시했고, 관우라는 이름 대신 관성제군(關聖帝 君)으로 부르게 했다.58) 나 아가 "관제묘에 향을 피우 면, 관우가 탄 말에서 땀이 난다."는 이야기를 만들어 관제가 청 왕조를 보호하기 위해 노력하고 있다고 선전 했다.

관우, 관평, 주창의 상

앞에서 살펴본 바와 같이 관우에게 북송, 남송, 원, 명, 청대에 많은 봉호가 집중적으로 내려졌다. 그 중에서 명의 신종이 관우의 신격화에 가장 공헌했던 제왕이었다. 관제신앙에 대한 중국 역대 정권의 이러한 적극적 태도에는 자신들의 통치권을 강화하기 위한 동기가 숨어 있다. 그들은 정권에 대한 충성을 기대하고 관제신앙을 널리 보급하려 했다.59)

중국의 역대 제왕들은 관우의 충의를 선양함으로써 '신하(臣下)의 귀감' 을 삼으려 했고,60) 이러한 '위로부터의 신격화작업'이 민중들에게 결정적

57) 이정식, 「관우의 검보(臉譜)와 그 계보에 관한 소고」, 『중국학논총』 제7집(1998), 194쪽.
58) 蔡東洲, 文廷海, 『關羽崇拜研究』(巴蜀書社, 2001), 154面.
59) 조재송, 위의 글, 185쪽.
60) 조재송, 앞의 글, 184쪽.

인 영향을 미쳤다. 나아
가 이러한 영향은 급기야
민간에서   삼국희(三國
戱)와 관공희(關公戱)를
통해[61] 고조된 관우숭
배의 열기와 자연스럽게
결합되었다. 즉 소설과
희곡을 통해 민간에 널리
퍼진 관우에 대한 숭배감
과 왕실 중심의 관우 신
격화작업이 결합하여 보
다 확고한 관제신앙으로
발전하였다.[62]

국가적 차원에서 관우
를 모시기 시작한 송대
(宋代)를 지나 원대(元
代)를 거쳐 명대(明代)

중국 산동성 봉래각의 관제상

에 이르면 관우에 대한 숭배는 최고조에 달한다. 관우는 나라를 지키는
호국신으로 모셔져 범국가적 신앙으로 확실하게 자리를 잡았다. 당시 중
국 도처에 관왕묘가 있었으며,[63] 국가에서 묘를 세우는 외에도[64] 집집마

---

61) 황제들도 관우희(關羽戱) 공연을 볼 때는 자리에서 일어나 먼저 관우에게 공경을 표할 정도로,
    청대(淸代)에 관우숭배는 그 절정에 달했다. 趙波, 侯學金, 裵根長, 『關公文化大透視』(中國社會科
    學出版社, 2001), 96面.
62) 전인초, 위의 글, 19쪽.
63) 이때 "중국에는 관왕묘가 없는 곳이 없다.(中朝則關王廟無處無之, 이수광, 『지봉유설』 2(을유문
    화사, 1978), 401쪽.)"는 표현이 나올 정도였다.

중국 산동성 봉래각 관제상의 우측 전경

다 화상(畫像)을 그려 놓고 기거하고 음식을 먹을 때 반드시 제사지냈고,
특히 군대가 출동할 때에는 더욱 정성을 드렸다.65) 어떤 경우에는 집
앞에 별도로 사당을 지어 불상과 함께 관왕(關王)의 영정을 걸어놓고 숭배
하기도 했다.66)

　이러한 과정을 거쳐 드디어 관우의 신격(神格)은 국가적인 군신(軍神)

---

64) 김경선, 「연원직지」, 『국역 연행록선집』 11권(민족문화추진위원회, 1989), 359쪽. "온 천하가
　　한 마음으로 높이 받드는 것이 바로 관묘이다. 遍於天下而一心尊奉者關廟"라 했다.
65) 윤국현, 「갑진만록」, 『국역 대동야승』 14권(민족문화추진위원회, 1982), 75쪽.
66) 최덕중, 「연행록」, 『국역 연행록선집』 3권(민족문화추진위원회, 1989), 359쪽.

에서 개인적인 재신(財神)에67) 이르기까지 전지전능한 신격으로 민중의 열렬한 지지를 얻고 숭배되었다.68)

이후 관우는 문성(文聖) 공자(孔子)에 대비되는 무성(武聖)으로 숭봉되었다. 공자의 출생지인 곡부(曲阜)에 공부(孔府)와 공림(孔林)이 있는 것과 마찬가지로, 관우가 죽었던 장소와 가까운 당양(當陽)에 황제의 무덤으로 예우하는 관릉(關陵)이 있고, 그의 머리가 묻힌 낙양(洛陽)에는 관림(關林)이 있다. 더욱이 중국 도처에 있는 관묘(關廟)는 공묘(孔廟) 보다 그 수가 월등히 많다. 공자의 역사적 평가는 문성으로 마감되지만, 무성인 관우는 충(忠), 의(義), 지(智), 인(仁), 용인(勇人)에서 관제(關帝), 관성공(關聖公), 천신관공(天神關公)으로 중국 역사 속에 여전히 계속 살아있다. 즉 공자가 중국 문인 사대부 지식인의 존숭 대상이라면, 관우는 처음부터 끝까지 대중과 민간의 우상이었다.69)

4. 『삼국지연의』의 유포와 관우숭배의 대중적 확산

『삼국지연의』의 작가 나관중(羅貫中)의 생몰연대는 미상이지만, 원대(元代) 중후반기에 주로 활동했고 명초(明初)에 세상을 떠났던 인물로 추정한다.70)

---

67) 『삼국지연의』에 관우가 조조로부터 받은 금은과 재물을 하나도 손대지 않고 그대로 남겨두고 떠났다는 사실과 연관지어, 관우가 금전 문제에 대해 누구보다도 청렴한 인물이었기 때문에 그에게 기원하면 반드시 원하는 것을 이루어준다는 믿음이 생겨났다고 한다. 마노 다카야, 앞의 책, 95쪽~96쪽.

68) 관제가 태평천국의 난, 중일전쟁 때도 영험을 보였다는 이야기가 전한다. 이마이즈미 준노스케, 앞의 책, 343쪽~345쪽.

69) 전인초, 앞의 글, 19쪽~20쪽.

낙양의 관림(관우의 머리가 묻힌 곳)

『삼국지연의』에 이미 관우가 죽은 후에 신령(神靈)으로 나타난 일이 기록되어 있다. 제77회 「옥천산관공현성(玉泉山關公顯聖)」에 관우의 혼백이 흩어지지 않고 떠돌다가 옥천산에 이르렀다고 한다. 이때 관우는 보정(普靜)이라는 노승을 만나 가르침을 구하고, 노승의 말에 깨달음을 얻고 마침내 불법에 귀의했고, 그 뒤로 왕왕 옥천산에서 영험담을 나타내어 백성을 보호했다. 이에 그 고장 사람들이 그의 덕에 감사하여 산 위에 사당을 지어 제사를 지냈다는 이야기이다.

이 밖에도 관우를 사로잡은 여몽이 손권과 술을 마실 때 관우의 혼이 여몽에게 들어가 주위의 장수들을 놀라게 했고, 그후 여몽이 피를 토하고 죽는 장면도『삼국지연의』에 나온다.

바로 이러한 소설적 허구를 통해 관우는 신령스런 존재로까지 발전했는데, 이는 의리가 있고 용감하며 지모를 갖춘 영웅의 안타까운 죽음에 대한 독자들이 가진 보상심리의 반영이다.71)

『삼국지연의』에 묘사된 관우의 형상은 충의(忠義)의 화신이다. 그는 한나라 왕실과 유비에게 충성하며, 은혜에 보답할 줄 알고, 불의를 참지 못하는 의인(義人), 패전으로 궁지에 몰린 적장에게 퇴로를 열어주는 인인

---

70) 조재송, 앞의 글, 174쪽. 나관중이 1328년경에 태어나 1398년에 죽었다는 보고도 있다.
71) 전인초, 위의 글, 16쪽.

(仁人), 어려움을 앞장서서 돌파하는 용인(勇人), 진퇴양난을 지혜와 계략으로 극복하는 지인(智人) 등 가장 이상적인 인간상으로 그려졌다.72)

이처럼 관우는 일반 민중들이 가졌던 바람직한 인간상의 전형적인 요소를 모든 지녔기 때문에 자주 이야기되고 전해져서 오랫동안 기억될 수 있었다. 그리고 과연 이 세상을 살아가는데 필요한 가치와 덕목이 무엇인가를 고민했을 때, 당시 민중들은 서슴없이 『삼국지연의』에 나타난 관우의 모습을 떠올렸고 그를 이상적인 인간으로 규정지었다. 결국 이러한 인식들의 총합이 관우를 신의 전당으로 들어가게 한 결정적인 요인이었고, 그가 불멸의 존재로서 모든 사람들의 희망을 이루어주는 존재로 믿어지게 했다.

또 이러한 영웅 관우의 비극적 죽음은 강력한 원한을 지녔다고 믿어져, 민중들은 그가 죽은 뒤에도 여전히 이 세상의 일에 적극적으로 관여한다고 생각했고, 관우가 자신의 능력을 과신해서 죽었다는 점도 오히려 약간의 인간적 결점을 지녔다는 친근감으로 받아들였다.

한편 관우의 인간상은 한마디로 말하면 의용(義勇)으로 표현된다.73) 의(義)는 인(仁)과 함께 유가(儒家) 사

낙양성 관림 안의 관릉 벽돌담

---

72) 전인초, 위의 글, 17쪽.
73) 이혜순, 「삼국연의 그 인간 드라마 -특히 관우, 유비 두 인물을 중심으로-」『중국문학』 제2집 (1974), 18쪽. 이에 비해 유비는 인덕(仁德), 제갈량은 다지(多智)로 표현된다.

상의 핵심이다. 관제묘에 봉안된 관우의 상(像)이 거의 예외없이 손에 『춘추(春秋)』를 들고 있는데,『춘추』는 '존왕양이(尊王攘夷)'로 표현되는 춘추대의를 설명한 충군(忠君)을 위한 유가의 경전이다.74) 이러한 의(義) 는 법적, 제도적인 외재적 요소에 행위 근거를 두는 것이 아니라, 인간의 정감에 기초하는 지극히 내재 근거적인 도덕원칙이다. 따라서 의는 자발성 과 자기 스스로의 약속을 통해서만 실현될 수 있는 지극히 고상한 도덕적 수양이 요구되며 그만큼 어렵고 고귀하다.75) 따라서 의는 가르치거나 강요한다고 해서 얻어질 수 있는 개념과 행위 준거가 아니다. 의는 오랫동안 자신을 갈고 닦는 육체적 훈련과 정신적 수양을 통해서만이 비로소 구체적인 행위로 표출될 수 있는 바람직한 가치관의 결정체 가운데 하나다.

결국 지배계층은 관우를 정권을 위해 충성을 바친 인물로 이해하고 선양 했지만, 일반 민중들은 단순히 국가에 충성을 다한 장군으로서 관우를 숭배한 것이 아니라, 주어진 상황에서 항상 최선의 결정을 내릴 수 있는 역량을 갖춘 인격의 소유자이자 '인간행위의 전범(典範)'으로서 숭앙했다.

한편 소설『삼국지연의』가 나온 이래 원(元), 명(明), 청(淸) 삼대(三代) 에 이르는 동안 그 내용을 희곡화한 수많은 삼국희(三國戱)와 관공희(關公 戱)가 나와 많은 민중의 애호를 받았고,76) 다시 그것은 중국인의 삶 속에 파고들어 민간에서 신앙의 역사를 창출해 냈다.77) 나아가 사서(史書)가 소설을 만들고, 소설에서 만든 인물을 민간에서 신앙화하는 인물로는 관 우가 유일무이한 존재이다.78)

---

74) 조재송, 앞의 글, 167쪽~168쪽.
75) 조재송, 위의 글, 198쪽.
76) 관우의 탄생일인 5월 13일에 연극을 봉납하는 관행이 있는데, 관우가 등장하는 연극에서 관우 의 형상은 불길한 재앙과 재액을 진압하는 힘의 상징으로 묘사된다. 이때 관우의 언어와 행위는 부적과 같은 의미를 지닌다. 강춘애, 앞의 글, 396쪽.
77) 전인초,「관우」,『인문과학』제78집(연세대학교 인문과학연구소, 1998), 1쪽~3쪽.

중국 해주의 관제묘 숭령전

　관우에 대한 이야기는 오랜 세월 동안 사람들의 사랑을 받아 전설화되었
고, 다음에 설화가(說話家)와 원곡가(元曲家)들에 의해 단편적인 고사(故
事)로 정리되었다가, 드디어 소설로 정착되었다.79) 그 후『삼국지연의』
가 널리 애독됨에 따라 기존의 지방적이고 미온적이었던 관우숭배는 보다

---

78) 전인초, 위의 글, 3쪽.
79) 이혜순, 앞의 글, 18쪽.

보편화되고 적극화되었다.

이처럼 관우라는 허구적 영웅의 일대기에서 민중들이 열광한 것은, 그가 신의(信義)를 중히 여기고 보은(報恩)을 실천한 무장(武將)이며 인정이 많은 도덕군자의 성격도 겸비한 충과 의를 이행한 전형적인 영웅이기 때문이다.[80] 이러한 관우의 의(義)는 조직을 유지하는 불가결한 행위 준거이며, 혈연을 제외한 모든 관계에 대하여 보(報)라는 또 하나의 준거를 제시해 준다. 보는 계약적 보장이 미흡한 사회에서 민간의 질서를 보장하는 유효한 기제였다.[81] 이러한 점에서 관우의 의절(義絶)은 '탈혈연'의 사회를 추구하며, 차등적이고 종속적인 세계가 아니라 수평적 사회에 대한 민중의 염원이 표출된 형태이며, 이러한 맥락에서 민중성을 확보하고 있다.[82] 결국 충의(忠義)의 관우를 표창하려는 지배질서의 요구와 의절(義絶)의 관우를 받드는 민중의 소망이 모두 담긴 것이 관우숭배의 양면의 모습이다.

어쨌든 약간의 역사적 사실기록을 바탕으로 엄청난 소설적 허구로 관우는 전혀 새로운 인물로 형상화되었다. 즉 『삼국지연의』라는 소설을 통해 관우는 성인화(聖人化)되어 전설적 영웅이 되었고[83] 급기야 신화적 영현(靈顯)이 되기에 이르렀다.[84]

또 『삼국지연의』 속의 관우는 무용과 지략을 겸비한 천하의 명장이면서

---

80) 양인귀, 「영웅소설의 인물상 비교연구 -삼국지연의와 한국영웅소설의 비교-」, 『건국대학교대학원 논문집』 제10집(1979), 96쪽.
81) 조재송, 위의 글, 199쪽~200쪽.
82) 조재송, 위의 글, 202쪽.
83) 이능화는 무식계급의 사람들에게 소설 삼국지에 나오는 관운장의 장용(壯勇)이 잘못 전해져 신앙화되었다고 비판했다. 이능화(李能和) 집술(輯述), 이종은(李鍾殷) 역주(譯註), 『조선도교사(朝鮮道教史)』(보성문화사, 1982), 273쪽.
84) 전인초, 앞의 글, 20쪽.

중국 해주 관제묘 춘추루의 관제상

황금과 여색(女色)을 초개처럼 여기는 인격자이고, 권력과 불의에 분연히
맞서는 정의의 사도다.[85] 이러한 관우의 의절(義絶)은 조조의 불의와 무
도에 대비되어 더욱 빛을 발한다. 물론 이 모든 것은 역사적 사실이 아니라
문학적 진실에 불과하다.[86] 그러나 인간들은 사실에서 이루어질 수 없었
던 곡진(曲盡)한 그 무엇을 허구(虛構)를 통해 끊임없이 추구해 왔다.

이러한 상황에서 특정인이 할 수 있는 가장 최선의 선택은 무엇일 것이
며, 과연 어떻게 행동해야 할까 라는 오랜 의문을 사람들은 소설이라는
허구를 통해 풀고자 노력했던 것이다. 사실이 아니기 때문에 거짓이 아니
라, 허구이기에 오히려 더욱 절실하고 곡진하다. 결국 '허구의 진실'을 통
해 관우는 이상적인 인격으로 형상화되었고, 많은 사람들의 '삶의 모범'으
로 이해되고 믿어졌다.

한편 관우와 도교와의 관련에 대해 축윤명(祝允明)은 「관왕광기(關王廣
記)」에서 "도가류(道家流)가 신으로 신봉하고 있으니, 그를 의용(義勇)한
사람이라 한다면 옳지만, 청정무위(淸淨無爲)한 도가류가 무슨 관계가 있
다고 그처럼 신으로 신봉하는지 모르겠다. 아마도 수련술(修鍊術)에는 반
드시 마귀를 제어해야 하기 때문인 것 같다."라 했다.[87] 이처럼 관제(關
帝)는 삿된 귀신들을 물리친다는 속설과 연관되어 수련자들을 보호하는
신으로 믿어졌을 개연성도 있다.

삼국시대 이후에는 서북의 오랑캐들이 중원을 침략해 왔기 때문에 한(漢)
민족은 오랫동안 그들의 지배를 받아왔다. 이러한 현실을 극복하기 위해

85) 조재송, 위의 글, 187쪽.
86) 조재송, 위의 글, 190쪽.
87) 이규경, 위의 글, 223쪽에서 재인용. 이규경은 다시 주완원(朱完元)의 "명나라 때 복마대제로
   추봉한 것은 사실 마귀로써 마귀를 제어하자는 것에 불과하다. … 도가류가 옛 명사(名士)의
   이름을 빌어 그 신이한 것을 나타내어 사람으로 신봉하도록 만들려는 것이고, 진정 관왕의 신이
   그러한 것이 아니다."라는 주장을 인용하고 이것이 뛰어난 의견이라고 평가했다.

중국 산동성 태평궁 재신전의 관제상

한민족은 오랑캐의 지배에 시달리기 이전 시대의 '영광된 자신들만의 투쟁사'를 추억하게 되었고, 이것이 더욱 미화되어 전파되기에 이르렀다.[88] 바로 이러한 맥락에서 『삼국지연의』의 대중성 확보가 설명될 수 있다.

이외에도 국난과 재앙이 연이어 일어나는 불안한 사회에 민중들이 현실 극복의 의지를 결속하기 위해 부각시킨 것이 관제신앙이라는 주장도 있

---

[88] 요빈(饒彬), 「삼국연의고증(三國演義考證)」, 『삼국연의(三國演義)』(臺灣, 三民書局). 양인실, 「영웅소설의 인물상 비교연구 -삼국지연의와 한국영웅소설의 비교-」, 『건국대학교대학원 논문집』 제10집(1979), 89쪽~90쪽.

중국 사천성 봉절현 백제묘에 있는 관우상

중국 장판파 근처의 관우 사당

다.89) 그리고 관제(關帝)는 통치자들의 환대를 받았던 봉건예법의 수호신으로90) 자리를 잡아, 일반 백성들에게 "만약 내 가르침을 받지 않으려면 내 칼을 받아라."고 대성일갈하는 두려운 존재로 받아들여지기도 했다.91)

5. 중국 관제신앙의 특성

명청(明淸) 이래 관제는 중국인의 신명숭배(神明崇拜) 가운데 계급과 민족을 초월하고 시간과 공간의 구분 없이 상하 각색 사람들이 거국적으로

---

89) 소재영, 앞의 글, 137쪽.
90) 중국인의 강렬한 유가적 윤리의식에 힘입어 도교에서도 기존의 귀신에 관한 설과 불교의 인과응보설이 한데 어울려 봉건적인 색채가 농후한 윤리강령이 더욱 강화되었고, 이러한 추세는 원, 명, 청 이래로 더욱 짙어졌다. 葛兆光 지음, 심규호 옮김, 『도교와 중국문화』(동문선, 1993), 421쪽.
91) 葛兆光 지음, 위의 책, 397쪽.

믿어온 유일무이한 신으로서 보편신앙의 대신(大神)이다.92)

백성들은 관우를 의신(義神)으로 섬겼고, 의(義)를 생활규범으로 여겼으며, 결의를 맺을 때 관제묘에 향을 피우고 맹세를 다짐하기도 했다.93)

따라서 관우는 백성들의 운명에 관한 모든 것을 장악하는 존재로 믿어지며, 과거 급제 여부, 사업의 성패, 질병과 고통의 구원, 악귀를 쫓아내는 일 등에 이르기까지 거의 만능신(萬能神)의 능력을 소유한 존재로 숭배된다.94) 한편 이와 관련하여 중국의 일부 민간종교에서는 관제가 1924년부터 옥황대제(玉皇大帝)를 대신해 하늘의 최고 주재신(主宰神)으로 등극했다고 믿기도 했다.95)

또한 관우는 전쟁 때에는 군신(軍神)으로, 평화시에는 가뭄, 질병, 기근을 해결해 주는 신으로 믿어졌고, 특히 민중을 보호하며 즉시 응답하는 영험이 있는 신으로 존숭되었다.96) 이밖에도 관우는 재난을 예지(豫知)하는 신, 요괴를 퇴치하는 신,97) 죽은 사람을 소생시키는 신, 천계(天界)를 지키는 신으로도 숭배되었다.98) 그리고 관우는 묵죽화(墨竹畵)의 대가로도 알려졌다.99)

---

92) 「전언(前言)」, 『關帝文獻匯編』 1권(國際文化出版公司, 1995), 1面.

93) 梅錚錚, 『忠義春秋』(四川人民出版社, 1994), 58面~61面.

94) 조재송, 앞의 글, 186쪽.

95) 「전언(前言)」, 『關帝文獻匯編』 1권(國際文化出版公司, 1995), 2面. 1920년대 초 민간종교계에 출현한 『동명보기(洞冥寶記)』라는 책의 38회(回)에서 이르기를 "옥황대제가 사직의 표(表)를 올려 무생노모(無生老母)의 윤허를 얻고, 삼교성인회의(三敎聖人會議)의 명을 좇아 공식적으로 관성제군이 섭정에 오르기를 추대했다. (이에 따라) 1924년 갑자년 첫날부터 (관성제군이 옥황대제의) 선위(禪位)를 받아 창궁(蒼穹)의 제18대 성주(聖主)로 등극했다."라 했다. 이러한 설이 나오자 중국의 많은 민간종교에서 받아들였다고 한다.

96) 금정덕행(金井德幸), 앞의 글, 185面~186面.

97) 나당회(儺堂戱)의 연극인 「고성회(高城會)」에서 관우는 동서남북과 중앙 즉 오방(五方)의 악마를 쓸어없애고, 오방의 길을 열어 난관을 뚫고 헤쳐나간 영웅적 기개로써 요괴와 악마를 소탕하는 인물로 등장한다. 강춘애, 앞의 글, 425쪽.

98) 마노 다카야, 앞의 책, 96쪽.

대만 대북시 행천궁의 관제상

1949년 중화인민공화국이 성립되기 전까지만 해도 중국에서는 관우의 탄생일에 학교를 휴교하고, 각 가정에서 공양했을 정도였다.[100] 또 중국에서 관우는 관공, 관성제군, 관제야(關帝爺)라고도 불린다. 특히 그의 뜻을 바꾸지 않는 충의와 절개가 경앙(敬仰)의 대상이 되었고, 생전에 인, 의, 예, 지, 신을 몸소 실천한 인물로 송대(宋代) 이후 역대 제왕들이 모두

---

99) 관우는 묵죽을 잘 그려, 화죽지조(畵竹之祖)라는 칭호를 들었다. 김종태, 「중국 고대의 회화」, 『동양의 명화』중국 1(삼성출판사, 1985), 140쪽.
100) 마노 다카야, 앞의 책, 95쪽. 관우의 탄생일이 음력 6월 24일이라고 생각했다.

'무인(武人)의 전범'으로 삼았다. 1992년 현재 대만에만 관공(關公) 묘우(廟祠)가 193개에 이른다.101) 이 밖에도 관제묘가 중국, 티벳, 외몽고, 인도네시아, 한국, 일본 등지에 건립되었다.102)

또한 대만에서는 관제를 수호신으로 모시며, 불교 사찰의 대웅전에서 모시는 경우도 있다.103) 이처럼 불교에서도104) 관우를 관보살(關菩薩),105) 관제보살(關帝菩薩), 가람보살(伽藍菩薩), 호법신(護法神)으로 숭배하거나 호국명왕불(護國明王佛)로106) 신앙했고,107) 유교에서는 문형성제(文衡聖帝)로 추존하여 문인사자(文人士子)의 수호신으로 받들었다.108) 또 도교에서는 관성제군, 탕마진군(蕩魔眞君), 복마대제(伏魔大帝)로 받들었다.109) 이러한 다양한 믿음과 관련하여 청대(淸代) 관묘

<hr>

101) 유병덕, 김홍철, 양은용,『한중일 삼국 신종교 실태의 비교연구』(원광대학교 종교문제연구소, 1992), 263쪽. 그러나 대만의 경우 현재 40년 전보다 관우묘가 두 배 이상 증가하여 900개에 달한다는 보고가 있다. 趙波, 侯學金, 裵根長,『關公文化大透視』(中國社會科學出版社, 2001), 13面과 180面.

102) 소련과학원 소속의 B. Riftin이『한학연구통신(漢學硏究通訊)』(1994) 총(總) 52기(期)에 관제신앙에 대한 방대한 연구사를 정리해 실었다. 이 자료에 해당 지역의 성립배경과 관제신앙에 대한 연구성과가 수록되어 있다.

103) 김의숙, 앞의 글, 97쪽. 소주 서원(西園) 나한당, 북경의 옹화궁(擁和宮) 등이 대표적이다. 조재송, 위의 글, 186쪽에서 재인용.

104) 보정선사(普淨禪師)가 옥천산에 떠돌던 관우의 영혼을 위로해주었고, 이에 감동받은 마을 사람들이 산 정상에 묘를 지어 계절마다 제를 올렸다. 이후 관우는 불법을 수호하는 가람의 신 가운데 하나로 자리잡기 시작했다. 張羽新,「淸朝對其保護神關羽的崇奉」,『出土文獻研究』第4輯(中華書局, 1985), 166面.

105) 또는 관노야(關老爺)로 불렸다고 한다. 이경선,「관우신앙에 대한 고찰」,『논문집』제8집(한양대학교, 1974), 14쪽.

106)「전언(前言)」,『關帝文獻匯編』1권(國際文化出版公司, 1995), 2面.

107) 이의현(李宜顯)의「관제기(關帝記)」와 이기헌(李基憲)의「관묘기(關廟記)」에 중국에는 불상과 관제의 소상(塑像)을 함께 모시고 있다고 했다.『연행록(燕行錄)』하(下), 504면, 739면~741면.

108)「전언(前言)」,『關帝文獻匯編』1권(國際文化出版公司, 1995), 2面. 이외에도 마노 다카야, 위의 책, 95쪽에서는 의용무안왕(義勇武安王)으로 칭했다고 한다. 葛兆光 지음, 심규호 옮김,『도교와 중국문화』(동문선, 1993), 396쪽.

(關廟)에 "관우를 유교에서는 성인으로, 불교에서는 부처로, 도교에서는 천존(天尊)으로 칭하여 삼교(三敎)가 모두 귀의했다."라는 문구가 있었다.110) 또 관우가 옥황상제의 명을 어긴 화룡(火龍), 수룡(水龍)이었다는 전설도 전한다.111) 이에 따라 용의 자손인 관우가 우신(雨神)으로 믿어져 기우(祈雨)의 대상이 되기도 했다.

한편 중국에서는 관성제군과 마조(馬祖) 등은 정교신(政敎神)과 관련된 "전통 신격의 부흥"으로 간주되기도 한다.112)

한마디로 말하자면 관제는 중국인들에게 있어서 인간사 모든 일에 관여하고 해결해 주는 만능신(萬能神)에 가까운 신격이다. 특히 관제는 물질적인 축복과도 긴밀히 연관되어 있다고 믿는다.

한편 『삼국지연의』에 나오는 "(조조에게) 그동안 받았던 금은보화를 일일이 봉해 모두 곳간에 집어넣고"라는 구절이 후세에 여러 전설이 덧붙여져 관우를 '신의를 중시하고, 성심을 다해 맡은 바 임무를 수행하며, 경리도 확실하게 처리하는 상도(商道)의 상징'으로 부각시켜 마침내 상업신 또는 재신(財神)으로 탄생시켰다. 이와 관련하여 관우를 직업신(職業神)으로 섬기는 직종은 무려 22개에 이르고 있다.113)

---

109) 「전언(前言)」, 『關帝文獻匯編』 1권(國際文化出版公司, 1995), 2面. 관우의 전신(前身)이 뇌수산(雷首山) 연못의 노룡(老龍)이었다고 강조한다.

110) 「전언(前言)」, 『關帝文獻匯編』 1권(國際文化出版公司, 1995), 2面.

111) 劉錫誠 主編, 『關公의 民間傳說』(花山文藝出版社, 1995)

112) 유병덕, 김홍철, 양은용, 『한중일 삼국 신종교 실태의 비교연구』(원광대학교 종교문제연구소, 1992), 257쪽~258쪽.

113) 가위나 칼을 사용하는 제단업, 의상업, 식당업, 이발업 등의 종사자들은 관우가 청룡언월도를 잘 다루었기 때문에 신으로 섬기고, 소금장수들은 관우가 치우를 물리치고 염전을 구했다는 전설 때문에 신으로 받든다. 또 두부나 장을 만드는 사람들은 관우가 젊었을 때 두부장사였다는 이야기 때문에, 경찰, 호위대, 무술인들은 관우를 충의의 상징으로 여기기 때문에, 교육업에 종사하는 사람들은 관우가 『좌전』에 통달했기 때문에 각기 신으로 섬긴다. 李喬, 『中國行業神崇拜』(中國華僑出版社, 1990)

대만 대북시 행천궁 전경

애초에 관우는 재물에 연연하지 않았던 성실하고 정직한 남성의 표본으로 받들어졌다. 그 후 관우가 조조에게 무언가를 받을 때마다 물품 일람표를 만들어 기록했는데 이것이 장부의 기원이 되었다거나, 또 관우는 대단한 암산능력을 지녀 항상 병사와 말과 무기 등의 숫자와 군량미의 잔량을 항목별로 분류했다거나, 관우가 조조에게 받은 금품을 계산하기 위한 도구를 고안했는데 이것이 주판의 기원이다 등의 전설적인 이야기가 널리 유포되었다.114)

　　바로 이러한 이야기에 힘입어, 특히 관우와 같은 고향을 가진 '산서 상인'

들이 전국적인 유통망을 통해 자랑거리로 부각시키면서,115) 관우는 점차
재물과 관련된 신격으로 숭배되었다.116)

이는 중국인들이 가진 경제적 풍요로움을 중요시하는 심성과도 관련이
있다고 생각한다. 윤리적 실천규범에 머무르는 인의예지신을 넘어서서
일상생활과 보다 밀접하게 관련된 재물을 얻는 일에도 관심을 놓치지 않았
던 중국인들은 관제를 단순히 정의롭고 완벽한 품성의 소유자로만 신앙하
는데 만족할 수 없었던 것이다. 따라서 관우는 재물을 관장하는 신격으로
도 믿어지게 되었다.

1949년 이른바 신중국이 성립된 후 중국 대륙의 의식 형태는 무신론(無
神論)이 주류를 이루었고, 이에 따라 1천 2백 년간 지속된 문화현상인
관우숭배도 급속하게 위축되었다. 특히 1966년부터 1976까지 중국에서
일어난 '문화대혁명' 시기 동안 관우숭배는 철저하게 중단되었다. 그 후

형주에 있는 관우상

1978년부터 정계에 복귀한 등소평(鄧小平)
의 '개혁, 개방' 정책에 따라 관우숭배도 점
차 회복되기 시작하였다.

1980년대에는 파괴되었던 관묘(關廟)의
건물, 신상, 문물이 보수되기 시작했고, 1990
년 이후에는 중국정부의 문화와 종교정책이
관대해지고 관광사업의 발전에 힘입어 관우
숭배는 더욱 흥기되었다. 특히 삼국시대에
대한 영화, 연속극, 문학도서, 학술서, 공예미

---

114) 이마이즈미 준노스케, 앞의 책, 164쪽~166쪽. 350쪽.
115) 그러나 장부를 기입하는 것은 담당 병사의 몫이었고, 주판은 송대(宋代)에 가서야 만들어진다.
116) 중국의 상업이 발달됨에 따라 비교적 최근에 재신(財神)으로서의 성격이 부각되었다. 鄭士有,
    『關公信仰』(北京, 學苑出版社, 1994), 56면.

술, 컴퓨터 오락 등의 문화상품이 대량으로 출시되어 이른바 '삼국 열풍' 현상을 이루었다.

이와 같은 중국 대륙에서의 관우숭배의 변화상을 '유묘(有廟) 숭배의 위축과 무묘(無廟) 숭배의 발전'으로 규정하고, 현재 플라스틱, 도자기, 금속, 종이 등의 다양한 재료로 만들어지는 소형의 관우 신상(神像)이117) 관제묘, 박물관, 공예품 판매점, 대형백화점 등에서 판매되어 가정, 음식점, 상점 등에 모셔지면서 '무묘형(無廟型)' 관우숭배가 발전하고 있다고 지적한 연구가 있다.118) 즉 관제가 무용(武勇), 복마(伏魔)의 이미지로 부각된 유묘형(有廟型) 숭배가 위축되고, 재신(財神)으로서의 이미지가 부각된 무묘형(無廟型) 숭배가 발전되고 있다고 본다.

최근에는 관우의 충(忠)을 '국가 사랑'으로, 의(義)를 '시장경제의 신뢰 원칙'으로, 인(仁)을 '사회경제주의의 공평 원칙'으로 승화하자는 주장도 있다.119)

---

117) 신으로서의 관우의 그림과 상(像)은 송대(宋代) 이전에는 보이지 않다가, 남송(南宋) 때부터 등장한다. 王樹村, 『關公百圖』(嶺南美術出版社, 1996), 7面~10面.

118) 방북진, 「중국 대륙에서의 관우숭배 현상 및 그 추세」, 『박물관지』 6집(인하대학교 박물관, 2004)을 참고하시오.

119) 趙波, 侯學金, 裵根長, 『關公文化大透視』(中國社會科學出版社, 2001), 201面~209面.

한국 관제신앙의 전개과정

앞에서 우리는 중국에서 관우가 여러 영험담을 통해 그 신이성(神異性)이 강조되다가, 정치적·사회적 필요와 요청에 의해 역대 왕조의 여러 제왕들이 앞장서서 관우에게 엄청난 봉호(封號)를 거듭 추증하는 과정을 살펴보았다. 그리고 이러한 시대적 분위기에 힘입어 허구적 소설인 『삼국지연의』가 저술되어 일반 민중에게 널리 알려졌고, 관우의 영웅담이 연극으로 재구성되어 대중적 인기를 독차지하였고, 관우가 이상적인 인간형의 전형으로 믿어졌고, 마침내 왕조의 수호신으로 숭배되었음을 알 수 있었다.

이제 관제신앙이 중국에서 어떤 과정을 거쳐 우리 나라에 유입되었으며, 어떻게 전개되었는지를 살펴보자. 이미 중국에서는 관우숭배 차원을 넘어 관제신앙이라는 완결된 형태를 이루고 있었다. 그러나 관제신앙은 우리 나라에 낯선 신앙으로 유입되고 이식되는 과정에서 일단 그 이질적 성격 때문에 거부되고 방치되다가, 후대에 이르러서야 비로소 숭배와 믿음으로까지 발전하였다.

임진왜란이 일어나기 이전까지 조선왕조에서 무묘(武廟)는 주(周)나라의 강태공(姜太公)을 모신 사당으로 인식했다.120) 이후 임진왜란을 거치면서 무묘는 촉한(蜀漢)의 장군이자 무안왕(武安王)으로 추존된 관우를 모시는 사당인 관왕묘(關王廟)를 가리키게 되었다. 중국의 경우에도 명대(明代)에 들어와 무묘(武廟)가 폐지되고, 관우묘가 새로운 무묘로 대치된다.

1. 우리 나라의 관왕묘 설립과 그 의미

우리 나라의 관제신앙은121) 정유재란(丁酉再亂) 때 원군(援軍)으로 왔던 명(明)나라 장수 진인(陳寅)이 선조 31년(1597)에 남대문 밖에 남묘(南廟)를 세웠던 일에서 비롯한다.

이전의 우리 나라는 관우에 대한 숭배와 믿음이 전혀 없었다. 이는 선조가 홍문관에 전교를 내려 관왕묘(關王廟)에 합당한 예제를 찾아보게 했으나 "우리 나라로 말하면 이런 제사는 없었고, 엇비슷하여 모방할만한 규칙을 구하고자 했으나 역시 상고할 수 없었습니다."라고 답한 기록에서 확인된다.122)

선조 20년(1592)에 발발한 임진왜란에 승리했던 일이 왜적과 싸울 때항상 관우의 신령이 나타나 도와주었기 때문이라고 믿었던 명나라 군사들

---

120) 『세종실록』 권51, 13년(1431) 3월 신사일조. 무성왕묘(武成王廟)라고 불렀다. 그렇지만 실제로 무묘가 설립된 적은 없었다.
121) 최부(崔溥, 1454~1504)가 성종(成宗) 19년(1488)에 중국에 표류하여 6개월 동안 보고 들은 것을 기록한 『표해록(漂海錄)』에 중국 관왕묘에 대해 처음으로 언급했다. 〈『국역 연행록선집』 1(민족문화추진위원회, 1976)〉
122) 『선조실록』 권100, 선조 31년 5월 병신일조.

이, 선조 25년(1597) 정유년 왜적의 재침략을 맞아 다시 한번 관우의 음조(陰助)를 기원하기 위해 관왕묘를 설립했다.[123]

우리 나라에 세워진 관왕묘의 건립년도, 건립 장소, 명칭, 건립자, 특징 등을 다음과 같은 표로 만들었다.

【우리 나라의 관왕묘】

선조 31년(1598)　　　5월. 서울 남관왕묘. 명나라 유격(遊擊)장군 진인(陳寅)이 건립.
　　　　　　　　　　　소상(塑像)으로 모심. 큰 칼을 든 관평(關平)과 주창(周倉)이 시립함.

선조 31년(1598)[124]　경북 성주. 관후묘(關侯廟). 명나라 장수 모국기(茅國器)가 건립.
　　　　　　　　　　　후에 명나라 도독 유정(劉綎)이 묘비를 세웠음. 소상(塑像) 금관(金冠) 녹포(綠袍) 차림에 교의 위에 올라앉아 오른손에 창, 왼손에는 검을 잡았음. 왼편에 얼굴이 하얀 장수가 있고, 오른편에 붉은 얼굴에 노기를 띤 모습으로 두 손에 창과 철퇴를 잡은 한 장수와 네 팔과 세 갈래 창과 쇠갈퀴를 지닌 또 다른 장수가 있는데, 이름은 알 수 없음.

선조 31년(1598)　　　안동. 관왕묘. 명나라 진정영도사(眞定營都司) 설호신(薛

---

123) 김필래, 「관우설화 연구」, 『한성어문학』(한성대학교 한국어문학부. 1998), 64쪽.

124) 『春官通考』권44, 「吉禮」'關王廟'조에 따르면 전라도 고금도와 경상도 성주의 관왕묘가 서울 남묘의 건립보다 1년이 빠르다. 그리고 『연려실기술』별집에도 성주와 고금도의 관왕묘가 선조 30년(1597)에 창건되었다고 한다. 그러나 창건자로 알려진 설호신, 모국기, 남방위는 선조 31년 (1598) 1월에 입국하여 그 해 3월에야 임지인 안동, 성주, 남원에 각기 주둔하였고, 수군도독 진린은 선조 31년 6월에 서울에 도착해서 7월에 강진 고금도에 부임한다. 따라서 안동, 성주, 남원의 관왕묘는 선조 31년 3월 이후에, 고금도는 선조 31년 7월 이후에 창건되었다고 보아야 할 것이다. 김용국, 「관왕묘 건치고」, 『향토서울』25호(서울시사 편찬위원회, 1965) 참고. 장장식, 「서울의 관왕묘」, 『관제신앙과 관제묘』(한국종교사연구회, 2003), 40쪽.

虎臣)이 세웠음.

석상(石像)에 오수정(烏水晶)으로 눈동자를 상감(象嵌)함.

관평, 양 장군, 주창, 조자룡 장군상을 목조에 석회를 칠해 모심.

선조 32년(1599)	1월.[125] 전북 남원. 관왕묘. 명나라 장군 남방위(藍芳威)가 창건. 1599년 명나라 도독 유정(劉綎)이 묘비를 세움. 숙종 42년(1716)에 남원현감 박내정(朴乃貞)이 중건. 영조 17년(1741) 남원부사 허인(許繗)이 현 위치로 옮김. 관제, 관평, 주창은 소상(塑像)으로 모심. 정유재란 때 남원성 전투에서 전사한 명나라 장수 이신방(李新芳), 장표(蔣表), 모승선(毛承先)을 배위(配位)로 모심 왕천군, 장선군, 주창, 옹보, 관평, 조루, 옥천대사, 요하장군, 제갈공명 등의 화상이 봉안되어 있음.
선조 31년(1598)	7월. 전남 강진 고금도. 명나라 도독(都督) 진린(陳璘)이 건립. 숙종 9년(1683)에 사당을 따로 세워 진린을 주위(主位), 이순신(李舜臣)을 배위(配位)로 모심. 목상(木像).
선조 35년(1602)	8월. 서울. 동관왕묘. 명나라 신종(神宗)이 순무사(巡撫使) 만세덕(萬世德)을 시켜 건립.[126] 소상에 도금(鍍金)한 동상(銅像).
고종 12년(1875)	동래. 관황묘(關皇廟). 박우형(朴禹衡)이 동래부사 박제관(朴齊寬)에게 요청하여 건립.
고종 20년(1883)	가을. 서울 혜화문(惠化門) 내의 송동(宋洞). 진령군(眞靈君)이라는 무녀가 획책하여 명성황후가 세움. 처음에는 관우묘(關羽廟)라고 부르다가 1901년에 관제묘(關帝廟)

---

125) 『난중잡록(亂中雜錄)』 권(卷) 4에 따르면 정월 7일에 짓기 시작하여 2월 2일에 완성했다.(『대동야승(大東野乘)』 권(卷) 28)

126) 중국의 신을 조선에서 국가적으로 받들게 함으로써, 정신적인 측면에서 명에 대한 복속을 도모한 것이다. 배광세계, 앞의 글, 26쪽.

로 고쳤음. 일반적으로 북묘(北廟)라고 부름. 나무와 흙의
소상(塑像)으로 모심.

고종 21년(1884)   강화도. 남관운묘(南關雲廟). 판관(判官) 오상준(吳上俊)
이 건립. 유비, 관우, 장비의 화상을 봉안.

고종 22년(1885)   강화도. 동관제묘. 마여사(馬女史)가 창건. 관운장 외에
이현(二賢)을 모심.

고종 24년(1887)   경남 하동군(河東郡) 해량촌(解良村). 관왕(關王)의 현몽
(現夢)을 얻은 향로(鄕老).

고종 29년(1892)   강화도. 북관운묘(北關雲廟). 강화산성 수문장 윤의보(尹
義普)가 건립. 1906년에 증축. 유비, 관우, 장비의 화상을
봉안.

고종 31년(1894)   개성. 청나라에 의해 세워짐.

고종 31년(1894)   4월. 전주. 관성묘. 전라도관찰사 김성근(金聲根)과 남고
별장(南固別將) 이신문(李信文)이 각처 유지들의 헌금을
받아 건립.
관제는 처음에는 화상(畫像)이었는데, 1950년대에 목상
(木像)에 점토를 부분적으로 가미한 소조목각상(塑造木刻
像)으로 모심.

고종 광무 6년(1902)   12월. 서울 이궁동(현재 서대문 천연동). 현령군(賢靈君)
이라는 무녀 윤씨가 획책하여 엄비(嚴妃)가 세움. 처음에는
숭의묘(崇義廟)라 불렸으나 일반적으로 서묘(西廟)라 불
렸음.
1904년 4월 유비를 주향으로 하고, 관우와 장비의 초상을
모셨음. 이외에도 제갈량, 조운, 마초, 황충, 왕보, 주창,
조루, 관평 등 8인을 배향함.

고종대   종로 보신각 옆. 현성묘(顯聖廟).

한국 관제신앙의 특징은 첫째, 자연스레 유입된 신앙이 아니라 정유재

강화도 남관묘의 관제상

란이라는 국가적 위기상황에서 불가피하게 명나라로부터 받아들일 수밖에 없었던 점, 둘째, 마음에서 우러난 신앙이라기보다는 정치적, 현실적 필요에 의해 수용되었던 점, 셋째, 위로부터 아래로 내려온 신앙이라는 점 등으로 파악한 연구성과가 있다.127)

애초에 관제신앙은 중국에서와는 달리 우리 나라에서는 그다지 큰 영향을 끼치지 못했다. 당시 비자발적이고 강제된 관제신앙의 주체가 되었던 위정자 계층에서조차 관왕묘 건립에 대해 부정적인 입장이었다.128) 그런

---

127) 김필래, 앞의 글, 65쪽.
128) 김필래, 위의 글, 65쪽~66쪽.

데도 명나라 군사들은 관왕묘에서 일정한 의례를 행했다.129) 그 후 명나라 장수 양경리가 선조 32년(1599) 관왕묘에서 불교의례인 수륙재를 지내려 하자, 사관(史官)은 "관운장은 부처가 아니다. 중국인인데, 관묘(關廟)에다가 도량까지 세웠으니, 그 황탄하고 망령됨이 이와 같다."고 기록했을 정도였다.130)

조선은 성리학을 사상적 토대로 삼고 특히 의례의 엄격한 형식을 준행하는 예학(禮學)이 발달된 사회였기 때문에, 대부분의 위정자들은 도교적 성향을 지닌 관제신앙에 대해 거부감을 가졌다. 또한 일부 위정자들은 중국과는 다른 조선의 정통성을 강조하는 입장에서도 선뜻 강제된 관제신앙을 선뜻 받아들이기 힘들었을 것이다.

강화도 남관묘의 관성제군 원배호씨(元配胡氏)

이러한 맥락에서 일부 학자들은 관우가 남의 손에 죽음을 당한 사람이고,131) 명나라를 개국한 주원장(朱元璋, 재위 1368~1398)을 신병(神兵)으로 도왔다는 영험담도 전설일 따름이며, 관우가 죽

129) 명나라 장수들은 사배소향(四拜燒香)을 하고, 연달아 세 번 진헌(進獻)을 하고, 축문을 읽고, 그 술을 마시고, 군문(軍門) 이하는 일배(一拜)를 하고 세 번 머리를 숙이고 끝난다. 『선조실록』 권103, 선조 31년 8월 무술일조.
130) 『선조실록』 권117, 32년(1599) 9월 17일 계해일조.
131) 윤국형, 「갑진만록」, 『국역 대동야승』 14권, 76쪽.

동묘 정면

은 후 한(漢) 나라가 망하는 것을 막지도 못했는데 어찌 천여 년 뒤에
주원장을 도왔을 것이냐고[132] 의혹과 불신감을 표했다.

　결국 당시 우리 나라 지식인들은 관제신앙을 마음 속으로는 결코 받아들
일 수 없는 황음무도한 믿음으로 치부했지만, 현실적으로는 전쟁이라는
절박한 시대상황과 명(明)의 위세에 눌려 할 수 없이 받아들일 수밖에
없었다.[133]

---

132) 허봉(許篈, 1551~1588), 「조천기(朝天記)」 상(上) 갑술년 6월 24일조, 『국역 연행록선집』
　　1권(민족문화추진위원회, 1976), 337쪽.
133) 김필래, 앞의 글, 67쪽.

그리고 동묘(東廟) 건설을 둘러싼 백성들의 원성이 높았다는 기록을134) 볼 때, 당시 일반 민중들도 관제신앙에 대해 그다지 달가워하지 않았던 것으로 짐작된다. 더욱이 동묘의 건립이 자꾸 늦어지자 백성들의 원망은 더욱 고조되었다.135) 따라서 당시 백성들은 전쟁의 폐해와 공포를 겪은 다음 생활고에 시달리던 상태에서 다시 곤궁함을 가중시키는 직접적 대상의 하나인 관왕묘에 대해 부정적 시각을 가졌을 것이 분명하다. 그러나 전쟁이 끝난 후에 관우는 전쟁신으로서의 신위(神威)를 점차 상실했고,

동묘 현판

마침내 유교의 충의(忠義)라는 윤리구조 안에 수용되었다.136)

남관왕묘에서 왜국(倭國)에 가는 통신사들이 전별연을 벌였다는 인조(仁祖) 2년(1624)의 기록과 인조 14년(1636), 숙종 8년(1682)이 있으며,137) 일본에서 귀환

---

134) 선조 32년(1599) 6월 22일조에 "이제 또 동교(東郊)에 토목공사를 크게 일으키니, 전쟁으로 인해 외로이 살아남은 백성들이 어떻게 살아갈 수 있겠는가?"라는 내용이 있다. 이때 사관은 "관왕묘의 역사는 매우 허탄(虛誕)한 일이다."라고 평했다. 또 7월 3일조에도 "강원도 군사를 징발하기까지 한다면 도로가 멀고 험할 뿐 아니라 농사철을 당하여 양식을 싸가지고 멀리 오게 되는 것이니, 궁한 백성들의 원성이 차마 형언할 수 없게 될 것입니다."라 했다.

135) 선조 34년(1601) 6월 19일조.

136) 배광세계, 앞의 글, 26쪽. 그러나 "충과 의라는 유교의 윤리적 덕목들이 관우에게 포장되고 있음은, 중국인의 종교신앙이 조선조에서 유교윤리로 변형 수용되고 있음을 보여준다."는 27쪽의 주장은, 원래 관성제군과 관련된 문헌이 대부분 유교적 윤리덕목으로 구성되어 있다는 사실을 간과한 것이다.

137) 강홍중, 「동사록(東槎錄)」, 『국역 해행총재(海行總載)』 3(민족문화추진회, 1975), 163쪽~164쪽. 김세렴, 「해사록(海槎錄)」, 『국역 해행총재』 4(민족문화추진회, 1975). 홍우재, 「동

한 통신사들이 환궁(還宮) 직전에 남관왕묘에 들러 관복을 갈아입고 절월 (節鉞)을 들었다는 숙종 7년(1681)의 기록이 있다.138) 이 외에도 숙종 37년(1711)에 일본으로 가는 통신사가 남관왕묘에 가서 관복을 벗고 새 옷으로 갈아입었다고 한다.139) 이에 대해 관왕묘의 건치 내력이 임진왜란 과 밀접한 관련이 있으며, 불공대천의 원수국인 왜국으로 가야 했던 통신 사들이 왜국행(倭國行)에 대한 각오와 관왕(關王)의 가호를 기원했을 것 이며, 왜국에 다녀와서는 여정의 무사함을 입궐에 앞서 감사의례를 드렸 을 것으로 추정하기도 한다.140)

2. 관왕묘의례의 국가의례화

조선에서 스스로의 뜻에 따라 관제에 대한 제사를 치른 것은 광해군 시대부터다. 광해군 4년(1612) 6월에141) "독소(纛所)의 예(禮)에142) 따라 매년 봄과 가을, 경칩과 상강일에 관리를 보내어 (제사를) 모시도록 했다."고 한다. 당시 광해군은 관왕묘의 벽에 낙서된 곳이 많고 신상이 파괴된 것을 보고 수리하도록 명했다.143) 이러한 사실로 미루어볼 때

사록(東槎錄)」, 『국역 해행총재』6(민족문화추진회, 1975), 131쪽~132쪽.

138) 김지남, 「동사일록(東槎日錄)」, 『국역 해행총재(海行總載)』6(민족문화추진회, 1975), 325 쪽~326쪽.

139) 임수간, 「동사일기(東槎日記)」, 『국역 해행총재(海行總載)』9(민족문화추진회, 1975), 154 쪽.

140) 장장식, 「서울의 관왕묘 건치와 관우신앙의 양상」, 『민속학연구』 제14호(국립민속박물관, 2004), 409쪽~412쪽.

141) 『광해군일기』 권54, 4년 6월 1일 갑자일조.

142) 군신(軍神)인 치우(蚩尤)를 독신(纛神)으로 모시고 뚝섬에서 지냈던 국가적인 제례였다. 군신 인 관제를 치우와 같은 신격으로 숭배하기 시작했던 것이다.

정유재란이 끝나고 명나라 군사가 물러난 다음에는 관왕묘가 관리조차
제대로 하지 않은 상태로 방치되었음을 알 수 있다. 이후에도 관왕묘가
잡인들의 출입으로 훼손되는 일이 발생했다.144)

　당시 명(明)과 후금(後金) 사이에서 중립 외교를 모색하던 광해군은
우리 나라가 여전히 명에 대한 의리를 지키고 있다는 사실을 보여주어
의심을 없애야 한다는 이유로 관왕묘를 잘 관리하도록 명했다.145)

　명(明)과 원활한 정치적 관계를 유지하고 명나라 사신이 파견되는 한,
관왕묘를 관리하고 치제드리는 일은 불가피했다. 그러나 광해군은 직접
관왕묘에 참례(參禮)하지는 않았다. 이처럼 광해군이 관왕묘 의례를 하사
(下祀)에 포함시키고 관왕묘를 정비한 것은, 어디까지나 미묘한 국제정세
속에서 명(明)과의 관계를 고려한 정치적인 판단이었다.146)

　한편 성리학적 명분론을 내세워 반정(反正)에 성공한 인조(仁祖, 재위
기간 1623~1649)는 대명의리(對明義理)를 외교방침으로 정했다. 이에
따라 인조는 자연스레 명나라에 대한 재조지은(再造之恩)을 떠올릴 수 있
는 관왕묘에 주목하였다. 인조 5년(1627) 관왕묘에 머물던 명나라 사림들
에게 음식과 옷감을 내렸고,147) 관왕묘 수직관을 우대하여 승진시켜 관리
감독을 철저히 했다.148) 왜냐하면 당시 관왕묘는 선조대 이래 인조대까지
명나라에서 사신이 오면 반드시 들리는 장소였기 때문이다.149)

　그러나 인조 14년(1636) 4월 후금(後金)의 태종(太宗)은 황제를 칭하

---

143) 『광해군일기』 권54, 광해군 4년 6월 갑자일조.
144) 『광해군일기』 권134, 10년(1618) 11월 기축일조.
145) 『광해군일기』 권134, 10년(1618) 11월 계묘일조.
146) 심승구, 앞의 글, 430쪽.
147) 『인조실록』 권16, 5년 7월 병인일조.
148) 『인조실록』 권28, 11년 7월 임인일조.
149) 『승정원일기』 제5책, 인조 3년(1625) 3월 갑술일조.

동묘의 사시(死時) 관운장

고 국호를 청(淸)이라고 고쳤다. 조선이 명나라에 대한 의리를 강조하며
계속 도전적이고 강경한 자세를 보이자, 이에 분개한 청 태종은 마침내
그 해 12월에 10만 대군을 스스로 거느리고 수도인 심양(瀋陽)을 떠나
압록강을 건너 쳐들어왔다.

이듬해인 인조 15년(1637) 1월 30일 인조는 삼전도(三田渡)에 설치된
수항단(受降壇)에서 청 태종에게 굴욕적인 항례(降禮)를 했다. 이에 청나
라는 맹약(盟約)에 따라 소현세자 · 빈궁(嬪宮) · 봉림대군 등을 인질로 삼
고, 척화의 주모자인 홍익한(洪翼漢) · 윤집(尹集) · 오달제(吳達濟) 등 삼
학사(三學士)를 잡아, 2월 15일에 철군하기 시작했다. 이로써 조선은 명나
라와는 완전히 관계를 끊고, 청나라에 복속하게 되었다. 이와 같은 관계는
1895년 청 · 일 전쟁에서 청나라가 일본에 패할 때까지 계속되었다.

병자호란(丙子胡亂) 당시에 동묘와 남묘는 청군(淸軍)이 서울에 주둔했
던 핵심적인 병영지역이었고,[150] 특히 동묘는 청 태종이 기거했던 장소였
다.[151] 따라서 치욕적인 전쟁이 끝난 후 오랑캐의 우두머리와 그의 병사
들이 머물렀던 관왕묘는, 원한과 굴욕의 장소로 기억되었다. 이에 따라
관왕묘는 병자호란 이후 조선 정부의 형식적이고 소홀한 관리를 받을 수밖
에 없어서 방치되거나 훼손되었다. 그렇지만 청나라 사신이 조선에 파견
될 때 삼전도비(三田渡碑)와 함께 관왕묘에도 반드시 들렀기 때문에 일상
적인 관리는 계속 되었다.[152]

한편 조선 후기 제왕 가운데 숙종(肅宗)은 관왕묘에 대해 재인식하고

---

150) 『연려실기술(燃藜室記述)』 권25, 「인조조(仁祖朝) 고사본말(故事本末)」
151) 「속잡록(續雜錄)」, 권4, 병자년 12월 30일조(『대동야승(大東野乘)』 권33). 훗날 고종 19년
   (1882) 임오군란 때 청군(淸軍)이 서울에 진주하자, 청나라 장수 오장경의 본영이 되기도 했다.
152) 『승정원일기』 제83책, 인조 20년(1642) 12월 신사일조, 제282책 숙종 7년(1681년) 4월
   8일 신묘일조, 제304책 숙종 10년(1684) 7월 계유일조.

강화도 북관운묘의 외삼문

적극적으로 이용했다. 그는 즉위 직후에는 선대 때부터 행하던 관행대로 관왕묘 수리나 헌관을 보내 치제(致祭)하는 일 정도에만 관심을 가졌다.153) 그러다가 숙종은 집권 중반대에 일어난 기사환국(己巳煥局)154)

---

153) 『승정원일기』 제273책, 숙종 5년(1679) 9월 17일 기유일조.
154) 숙종 6년(1680)의 경신출척(庚申黜陟)으로 실세하였던 남인(南人)이 숙종 15년(1689) 원자 정호(元子定號) 문제로 숙종의 환심을 사서 서인(西人)을 몰아내고 재집권한 일을 가리킨다. 숙종의 계비(繼妃) 민씨(閔氏)가 왕비로 책립된 지 여러 해가 되도록 후사를 낳지 못하자, 숙종은 후궁인 숙원(淑媛) 장씨(張氏)를 총애하였다. 장씨가 왕자 윤(昀)을 낳자, 숙종은 윤을 원자(元子)로 책봉하고 장씨를 희빈(禧嬪)으로 삼으려 했다. 이때 당시의 집권세력이던 서인은 적자(嫡子)로써 왕위를 계승함이 옳다 하여 원자책봉을 반대하였다. 그러나 남인들은 숙종의 주장을 지지하였고, 숙종은 숙종대로 서인의 전횡을 누르기 위하여 남인을 등용하는 한편, 원자의 명호를 자기 뜻대로 정하고 숙원을 희빈으로 책봉하였다. 이때 서인의 영수인 송시열(宋時烈)이 상소를

을 지나면서 왕에 대한 충성을 강조하는 관왕묘에 적극적인 관심을 기울이 기 시작했다.

숙종은 17년(1691) 2월 처음으로 직접 동묘에 들러 참례했고,[155] 이 튼날 비망기를 통해 "관제의 충의(忠義)를 본받아 왕실을 지키도록 하라." 는 말과 함께 어떤 예를 따라야 하는지 알아보도록 명했고,[156] 이어 동묘 와 남묘도 수리하고 관원을 보내 제사지낼 것을 명했다. 왕이 직접 관왕묘 에 들러 참례한 일은 선조(宣祖) 이후 두 번째로 상당한 의미를 내포한다.

숙종은 관왕묘를 단순한 치제(致祭)의 장소가 아니라, 신하들 특히 무사

동묘 내부 좌측의 왕장군과 조자룡상

들이 충성을 다해 왕 실의 안정을 지킬 것 을 자연스레 강조할 수 있는 상징적인 성 소(聖所)로 인식했 던 것이다. 숙종은 집권 초기에 설립된 금위영(禁衛營)도 국왕 직속의 군사력 이 아니라 붕당 세력

올려 숙종의 처사를 잘못이라고 간하였다. 숙종은 원자정호와 희빈 책봉이 이미 끝났는데, 한 나라의 원로 정치인이 상소질을 하여 정국(政局)을 어지럽게 만든다고 분개하던 차에, 남인 이현 기(李玄紀) 등이 송시열의 주장을 반박하는 상소를 올렸으므로, 이를 기화로 송시열을 삭탈관직 하고 제주로 귀양보냈다가 후에 사약(賜藥)을 내렸다. 서인은 많은 사람이 파직 또는 유배되어 조정에서 물러났고, 그 대신 남인이 득세하였다. 이 환국(換局)의 여파로 민비는 폐출(廢黜)되고, 장희빈은 정비가 되었다.

155) 『숙종실록』 숙종 17년(1691) 2월 26일조.
156) 『숙종실록』 권23, 숙종 17년 2월 27일 계미일조.

의 군사적 기반으로 작용하던 상황을 극복하기 위해서, 휘하 장병들의 관왕묘 참례를 통해 궁극적으로 자신이 직접 군사 통제권을 장악하려는 의지를 드러내 보였다.157)

동묘 내부 좌측의 장비와 우장군상

안동 관왕묘 입구

157) 심승구, 앞의 글, 433쪽~434쪽.

또 숙종은 18년(1692) 9월에는 관왕(關王)을 경모하는 시 2수를 직접 지어, 어필(御筆)로 써서 목판에 새겨 동묘와 남묘에 걸어두라고 명했다.158) 이처럼 왕이 직접 관제의 절의와 충성심을 찬양하는 시를 써서 현판으로 걸어둠으로써, 숙종은 국가와 왕실의 안녕을 기원하는 동시에 당시 당파의 이익만을 좇던 신하들에게 경종을 울리고자 했던 것이다. 따라서 숙종은 관왕묘를 주체적인 입장에서 적극적으로 수용하고 정치적으로 활용하고자 했다는 점에서, 이전의 제왕들이 중국 조정의 압력에 눌려 마지못해 치제하거나 소극적으로 관리하던 것과는 뚜렷이 구별된다.

그리고 숙종은 24년(1698)과 29년(1703)에는 능행(陵幸)을 통한 군사훈련을 자주 베풀었는데, 그 때마다 관왕묘에 머물러 군법과 규율을 바로잡는 조치를 취했다.159) 또 숙종은 당시 신하들이 장악하고 있던 5군영의 군권(軍權)을 재편하여 새롭게 수도방위체제를 마련하면서, 각 당파에 의해 사병화되어 있던 군권을 국왕 중심으로 귀일시키고자 군사들에게 관왕묘 참배와 함께 충의를 거듭 강조했다.

결과적으로 숙종대 이후 제왕들의 능행을 비롯한 궁궐 밖 행차 때에는 숙종이 '충의의 전당'으로 강조했던 관왕묘는 반드시 들리는 장소가 되었고, 그에 따라 점차 왕권이 강화되고 왕의 입지가 확립되어 갔다.

나아가 숙종은 29년(1703)에는 남관왕묘에 참례했고,160) 남묘의 관제 형상이 동묘에 비해 훨씬 생기가 있다고 지적했다.161) 그 후 숙종 36년(1710) 3월에는 신하들과 함께 관왕묘 참례시의 예의 절차에 대한

158) 『숙종실록』 권24. 숙종 18년 9월 15일 신유일조.
159) 『숙종실록』 권32. 24년 8월 을축일조, 『숙종실록』 권38, 29년 6월 임진일조, 계사일조.
160) 『숙종실록』 권38. 29년 6월 임진일조.
161) 『숙종실록』 권38. 29년 6월 계사일조. 이때 숙종은 남묘 내에 관제 이외의 승상(僧像) 등의 음사(淫祀)를 제거하라고 명했다.

안동 관왕묘의 관제상

논의를 1년 동안이나 벌였고,162) 결국 홍문관에서 올린 "배례(拜禮)가
아닌 읍례(揖禮)를 하는 것이 타당하다."는 건의를 받아들이지 않고, 선조
(宣祖) 때의 구례(舊禮)를163) 확인하여 숙종 37년(1711) 6월에 이후 왕
이 관왕묘에서 치제할 때는 배례를 하도록 명했다.164) 이처럼 숙종이
관왕묘 참례에 배례를 고집했던 이유는 '충용(忠勇)과 의리(義理)'의 상징
인 관제를 높임에 따라 당시 신하들에게 국왕에 대한 충성을 강조하려

---

162) 『숙종실록』 권48, 36년 3월 정묘일조.
163) 『선조실록』 선조 31년(1598) 5월 14일조. "상(上)이 관왕묘에 친제(親祭)했다. 왕이 앞으로
    나아가 무릎을 꿇고 앉아서 분향한 다음, 계속하여 술 석잔을 올렸다. 왕이 전후로 각각 재배(再
    拜)하는 예식을 거행했다."는 내용이다.
164) 『숙종실록』 권50, 37년 6월 계미일조.

안동 관왕묘의 무안왕비

했기 때문이다.165)

이 밖에도 숙종은 37년(1711) 1월에는 고금도, 성주, 안동 등 여러 지역에 산재하는 관왕묘 제사에도 관심을 가져, 경칩과 상강일에 조정에서 향과 축문을 내려 제사지낼 것을 명했다.166)

관왕묘를 통해 충의를 권장하려는 노력은 영조(英祖)대에 들어와 더욱 발전되었다. 영조는 즉위하자마자 동묘에 들렀고, 원년(1725) 4월에는 관원을 보내 관왕묘에 치제하여 충의를 흠모하고 존주대의(尊周大義)를 본받는 뜻을 보이도록 지시하였다.167) 영조 3년(1727) 2월에는 열무(閱武)를 하고 돌아오는 길에, 관왕묘에 들러 재배(再拜)하는 예를 거행했다.168)

또 영조 15년(1739) 5월에는 환궁길에 관왕묘에 들러 재배하고 신상(神像)의 용포(龍袍)를 고쳐 지을 것을 명했다.169) 영조 19년(1743) 8월에는 열무(閱武)를 하고 동묘에서 재배례를 행했다. 또 이 날 영조는 동묘

---

165) 심승구, 앞의 글, 438쪽.
166)『숙종실록』권50, 숙종 37년 1월 3일 임진일조.
167)『영조실록』권4, 원년 3월 임술일조.
168)『영조실록』권11, 3년 2월 기미일조. 왕이 관왕묘에서 재배한 것은 선조(宣祖) 이후 처음 있는 일이었다. 이후 국왕이 관왕묘를 친림했을 때 재배례하는 것이『속대전(續大典)』에 명문화 되었다. 〈권3, 예전(禮典), 조의(朝儀)〉
169)『영조실록』권49, 15년 5월 29일 갑술일조.

동묘의 생시(生時) 관운장

내에 숙종이 지었던 칠언절구를 차운하고, 편액에 새겨 걸도록 했으며, 날을 가려 남관왕묘에도 치제하도록 명했다.170)

관왕묘 제사는 영조(英祖) 20년(1744)에 찬정된『국조속오례의서열 (國朝續五禮儀序列)』「길례(吉禮)」의 소사(小祀)에 포함되어 정식으로 국 가 사전(祀典)에 오른다.171)

또 영조는 22년(1746) 8월에 남관왕묘에 들려 배례를 행했고, 승지를 동관왕묘와 남관왕묘에 보내어 치제하고 용포와 좌우 소상 및 담장을 보수

---

170)『영조실록』권58, 19년 8월 경오일조.
171) 관왕묘 제사에 대해서는 정조 2년(1788)에 편찬된『춘관통고(春官通考)』권44에 자세히 기록되어 있다.

하라고 명했다.172) 또 영조는 예조의 낭관(郎官)을 불러 관왕묘에 참례할 때의 복색에 대해 묻고 친히 "현령소덕왕묘(顯靈昭德王廟)"라고 어필을 써서 동관왕묘와 남관왕묘에 사액(賜額)하였고, 관왕묘에 배알할 때의 복색은 곤룡포를 사용하도록 정했다.173) 그런데 영조는 영조 35년(1759)에 관왕묘에 가서 갑옷과 투구를 갖추어 군례(軍禮)를 행했다.174) 이후 영조의 관왕묘 참배는 계속 이어졌다.175)

관왕묘를 국왕에 대한 충성과 의리를 강조하기 위한 장소로 삼으려는 노력은 정조(正祖)에 이르러 더욱 강화된다. 정조 2년(1778) 왕은 선전관으로 하여금 관왕묘에 가서 전배례(展拜禮)를 하도록 했고,176) 정조 3년(1779)에는 관왕묘에 친림하여 배례를 행했다.177)

그리고 정조는 5년(1781)에 관왕묘의 제품(祭品)과 의식을 새롭게 정했다. 또 9년(1785)에는 '사조어제무안왕묘비(四朝御製武安王墓碑)'를178) 동묘와 남묘에 세우고 관왕묘 제사를 중사(中祀)로 승격시켰으며, 그에 따른 「관묘악장(關廟樂章)」도 제정했다.179) 이에 따라 정조 10년(1786)

---

172) 『영조실록』 영조 22년(1746) 8월 10일조.
173) 『영조실록』 권64, 영조 22년(1746) 8월 22일 을유일조. 이때 안동, 성주, 고금도의 관왕묘도 보수하도록 명했다. 그러나 지방의 관왕묘는 잘 관리되지 못했고, 성주 관왕묘가 심하게 훼손되어 다시 수리하도록 명했다. 『영조실록』 권72, 26년(1750) 8월 20일 경인일조.
174) 『영조실록』 권94, 영조 35년 11월 기미일조.
175) 영조 23년(1747) 5월 병오일, 29년(1753) 3월 병인일, 31년(1755) 8월 을사일, 33년(1757) 2월 갑자일, 35년(1759) 9월 정축일과 11월 기미일, 36년(1760) 5월 임신일과 6월 병술일, 38년(1762) 6월 임인일과 7월 계미일, 46년(1770) 7월 병오일, 47년(1771) 10월 기축일, 48년(1772) 4월 경오일, 49년(1773) 5월 기사일, 50년(1774) 5월 갑자일 등이 관련기록이다.
176) 『정조실록』 권6, 2년 9월 무자일조.
177) 『정조실록』 권8, 3년 8월 갑인일조.
178) 숙종, 영조, 장조, 정조의 글씨를 새긴 비이다.
179) 『정조실록』 권20, 정조 9년 11월 15일 신유일조. 정조가 친히 지은 것이다. 『홍재전서(弘齋全書)』 권15, 「비(碑)」

부터 관왕묘 제례는180) 음악이 수반되어181) '조선 후기에 새롭게 제정된
제례악'이 되었다.182)

　이처럼 정조는 즉위한 이래 거의 매년 관왕묘에 참례하여 관제가 지닌
충의를 군사들에게 알리는 동시에 당시 정치세력들에 의해 사병화(私兵
化) 되어 있던 군권(軍權)을 국왕 중심으로 재편하는 상징적인 장소로
관왕묘를 이용하여 궁극적으로 왕권을 강화하려 했다.

　여기서 정조가 파악하고 있는 관왕묘의 성격을 병자호란 이후 숙종의
청(淸)에 대한 경계의식과 대명의리론(對明義理論)의 고양이라는 맥락에
서 보는 연구도 있다.183)

　또 순조(純祖)도 4년(1804) 남관왕묘에서 행례했고,184) 능묘(陵墓)
참배를 위해 궐 밖으로 행차할 때 관왕묘를 들렀다.185) 순조는 주로 남관왕
묘를 찾았고,186) 때때로 남관왕묘와 동관왕묘의 수직관에게 상을 내렸
다.187)

　왕의 능행이나 궐 밖 행차 때 관왕묘에 참배하는 관행은 헌종(憲宗)

---

180) 관왕묘에서 행해진 의례에 관해서는 박종식(朴宗植)이 편한『홍릉침랑선생안(弘陵寢郎先生
案)』(국립도서관 M古 1-2000-201)과『진찬의궤』(국립도서관 M古 1-1996-408) 등의 자료가
있다.
181) 제향시에는 악공들이 모두 갑옷을 입고 오방기(五方旗)를 세우고 연주했다.『정조실록』권21,
정조 10년(1786) 2월 병자일, 무인일, 기묘일조.
182) 송지원,「관왕묘 제례악 연구」,『음악학논총』(소암 권오성 박사 화갑기념 논문집 간행위원회,
2000), 393쪽.
183) 송지원, 앞의 글, 402쪽.
184)『순조실록』권6, 4년 9월 정해일조.
185) 순조 6년(1806) 2월 경자일, 7년(1807) 9월 기해일, 10년(1810) 8월 임자일, 21년(1821)
2월 임인일, 28년(1828) 2월 을미일, 29년(1829) 3월 27일, 32년(1832) 3월 기미일 등에
관련기록이 보인다.
186) 순조 27년(1827)부터 대리청정을 했던 효명세자가 남관왕묘를 들러 시를 남기기도 했다.(『궁
궐지(宮闕志)』(서울사료총서 권3),「관왕묘」)
187)『순조실록』권32, 32년(1832) 3월 경신일조.

과188) 철종(哲宗)대에도189) 이어졌다.

3. 『삼국지연의』의 국내 유입과 『임진록』의 영향

『삼국지연의』가 우리 나라에 전래된 시기는 정확히 알 수 없지만, 대략
선조(宣祖) 재위기간인 1568년부터 1608년 사이로 추정한다.190) 물론
초기 저본(底本)인 『전상평화삼국지(全相平話三國志)』가 전해진 것은 고
려시대로 추정된다.191)

기록으로 볼 때 우리 나라에 『삼국지연의』가 전해진 것은 선조 2년
(1569) 6월 무렵의 일이다. 왕이 "장비가 한번 크게 호령하니, 일만 대군
이 도망쳤다는 말이 『삼국지연의』에는 보이는데 정사(正史)에는 안보인
다."라고 묻자, 시독관(侍讀官)이었던 기대승(奇大升, 1527~1572)이
"이 책이 나온 지가 얼마 되지 않아서 소신은 못 보았습니다."라고 말했던
것이다.

이와 관련하여 관제신앙이 우리 나라에 받아들여진 것이 임진왜란을
전후한 시기에 유입된 『삼국지연의』라는 소설의 영향이 컸고,192) 그 신앙

---

188) 『헌종실록』 권13, 12년(1846) 4월 갑오일조.
189) 『철종실록』 3년(1852) 2월 무신일, 5년(1854) 8월 을묘일, 6년(1855) 2월 임술일, 12년
     (1861) 2월 병자일 등에 관련기록이 있다.
190) 이경선, 『삼국지연의의 비교문학적 연구』(일지사, 1976)와 이상익, 『한중소설의 비교문학적
     연구』(삼영사, 1983), 204쪽. 이경선은 "조선조 초기에서 선조 2년에 이르는 기간"으로 신축성있
     게 추정했다. 이에 반해 양인실은 조선 초기에 수입이 되었다면 세조와 성종 연간에 이르는
     동안 한번도 언급이 되지 않을 수 없을 것이라고 주장하면서, "명종과 선조 연간"으로 추정한다.
     양인실, 앞의 글, 91쪽~92쪽.
191) 천태산인(天台山人), 『증보조선소설사(增補朝鮮小說史)』(학예사(學藝社), 1939), 91쪽~92쪽.
192) 김만중(金萬重, 1637~1692)의 『서포만필(西浦漫筆)』에 "지금 이른바 『삼국지연의』라는 것
     은 원인(元人) 나관중(羅貫中)에게서 나온 것으로, 임진(壬辰) 이후에 우리 나라에 성행하여 부녀

이 구체화된 것은 전쟁이 끝난 후 관왕묘가 설립되면서부터라는 주장이 있다.193) 그리고 관제는 차츰 중국의 장수에서 벗어나 '조선의 수호신'으로 탈바꿈했는데, 참담한 전란을 겪는 동안 민중들은 충의를 갖춘 영웅을 갈망하고 높이는 경향이 늘어갔기 때문이다.194)

그러나 이러한 주장은 "닭이 먼저냐, 달걀이 먼저냐?"라는 물음처럼 명확히 확인할 수 없는 문제다. 특히 관우가 조선을 도와 전쟁에서 승리한다는 내용이 있는 『임진록』이 『삼국지연의』의 유입시기 보다 훨씬 후대라는 점을 생각한다면, 오히려 관왕묘가 전국 각지에 설립되고 관왕묘의례가 국가의례로 정착된 것이 관제신앙을 형성한 결정적인 계기라고 볼 수도 있다.

우리 나라 역사상 미증유의 민족 수난이었던 임진왜란은 1592년부터 1598년까지 무려 7년 동안 전 강토가 유린당하고 수십 만의 전사자를 낸 참혹한 결과를 낳았다. 선조는 의주까지 피난했고, 다행히 명(明)의 원군(援軍)을 얻어 왜적을 이 땅에서 몰아내는데 성공했지만, 비참한 전란은 모든 백성들의 가슴에 큰 상처를 남겼다.

이후 국가에 대한 의식이 각성되었고, 민족에 대한 자각이 일어나 새로운

자와 아이들까지 다같이 암송할 정도다. 우리 나라 선비들이 대부분 사서(史書)를 읽으려 하지 않기 때문에 건안(建安, 196~220) 이후 수백 년의 일을 모두 여기에서 믿는 근거를 취한다."라 했다. 또 이익(李瀷, 1681~1763)은 『성호사설(星湖僿說)』에서 "『삼국지연의』가 인출(印出)되어 널리 퍼져 집집마다 읽혔고, 시장(試場)에서 시제(試題)로 나오는 것에서 세간의 변화를 볼 수 있다."고 했다.

193) 소재영, 「임진록군(壬辰錄群)의 형성과 민족의식의 변모」, 『임진록 연구』(고려대 박사학위논문, 1980), 141쪽~142쪽.

194) 서애(西厓) 유성룡(柳成龍)은 『서애집(西厓集)』 「기관왕묘(記關王廟)」에서 남묘(南廟)에서 지냈던 관왕(關王) 생신제(生辰祭) 때 있었던 뇌우(雷雨)의 신이(神異)에 대해 말했고, 안동과 성주 등지에 관왕묘를 설치한 다음 얼마 지나자 않아 풍신수길(豊臣秀吉)이 죽고 왜군이 철수했던 것이 우연한 일만은 아니라 신령의 도움이라고 주장했다. 거의 비슷한 내용이 이긍익의 『연려실기술(燃藜室記述)』에도 보인다.

시대정신으로 자리를 잡았다. 이러한 조류에 힘입어 강한 반일(反日) 감정
과 민족적 주체의식이 뚜렷하게 드러난 소설이 바로 『임진록(壬辰錄)』이
다.195) 민족의 엄청난 패배라는 역사적 사실을 부정하고 오히려 이를
정신적 승리로 치환하려는 민중의 바람이, 허구의 세계인 소설에서196)
기적적인 투쟁사로 표현되었다. 『임진록』의 전체적인 내용은 우리 나라의
영웅과 명나라 장수들이 도처에서 왜적을 격파하고 왜장을 참하여, 왜적을
이 강토에서 완전히 몰아낸 다음 결국 왜국에까지 원정(遠征)가서 왜왕의
항복을 받는다는 이야기다.

한편 『임진록』의 전반적인 내용이 배명(排明)의 입장에 서 있어, 사대부
들의 의식을 뛰어넘는 민중들의 의식을 반영한 것이라는 연구도 있다.197)
즉 소극적이고 비굴한 집권층과는 달리 민중들은 소설이라는 형식을 통해
명나라마저 배척하고 넘어서서 조선을 당당한 주권국으로 그리고 소망했
던 것이다.

『임진록』은 한 작가가 한 작품만 지은 것이 아니라, 여러 사람들이 많은
작품을 만들었다. 지금까지 『임진록』은 각기 다른 내용인 이본 10여 편이
알려져 있고, 18세기 영조(英祖, 재위기간 1725~1776)와 정조(正祖,
재위기간 1776~1800)시대에 필사본으로 읽혀지기 시작하다가 목판본
(木版本)으로 출판되었다.198)

『임진록』 경판본(京板本)에는 중국 천자의 꿈에 관운장이 나타나, "저는

---

195) 김기동 편역, 『임진록』(서문당, 1977), 1쪽.

196) "임진왜란의 경험에서 유래한 이야기는 야담집에 오르고, 소설에 수용되었을 뿐만 아니라
　　… 그런 전설이 소설로 꾸민 『임진록』에 대폭 수용되었다." 조동일, 『한국문학통사』 3(지식산업
　　사, 1995), 44쪽.

197) 소재영, 앞의 글, 141쪽.

198) 김기동, 위의 책, 3쪽. 『임진록』의 창작년대는 영조 50년(1774)까지 소급해 볼 수 있다.
　　소재영, 앞의 글, 99쪽.

죄 없는 안광문 어린 자식을 죽인 죄로 상제의 노여움을 받아 다시 세상에
환생하지 못하고 있으며, 외로운 넋을 조선에 의지하고 있다."고 말한 다
음199) "이제 조선이 왜란을 만나 위태로우니, 요동제독 이여송(李如松)을
보내 구해달라."고 청했다고 한다. 또 권3에는 "관공(關公)이 현성(顯聖)
하사 왜적을 많이 죽인 고로, 평란한 후에 묘당을 세우고 소상(塑像)을
만들어 천추(千秋)에 인멸(湮滅)함이 없고자 했다."는 기록도 있다.200)

국립도서관소장본에는 관운장이 평안도 삭주에 사는 최위공(崔偉公)의
꿈에 나타났다. 그는 금관도복을 입은 13척 거구로 백옥패(白玉佩)를 든
청의동자(靑衣童子)와 함께 와서 "천상에 득죄하여 부운유수(浮雲流水)
다니다가, 우리 동생이 조선국왕이 되었기에 동생에게 의탁하고자 옥경선
궁(玉京仙宮)에 갔더니, 상제(上帝)께서 하교하시되 이 아이는 인간화복
을 꾸민 문서를 잃은 죄로 인간에 적하(謫下)하되 네가 잘 기르도록 도와주
라 하시기에, 데려다 부인에게 드리니 귀히 기르시라."라고 말했다.201)

그리고 관운장은 "적금투구를 쓰고, 천근 갑옷을 입고, 청룡도를 비껴들
고, 삼각수(三角鬚)를 거스르고, 봉(鳳)의 눈을 부릅뜨고" 나타나, "내가
조선국에 의탁하여 풍우를 피하거늘, 무도한 왜적은 어찌 감히 조선을
침범하느뇨? 즉시 돌아가라."라고 일갈하여, 왜장 청정이 공중을 향해 무
수 사례하고 간담이 서늘해 도망치게 만든다.202)

또 관운장은 중국 천자의 꿈에 나타나 "옛날 삼국시에 유현덕(劉玄德)은
다시 회생하여 지금 대명(大明) 천자 되시옵고, 동생 장비(張飛)는 조선왕
이 되었삽고, 신은 환생치 못하고 동생에게 의탁하여 풍우를 피하옵더니,

---

199) 김기동 편역, 『임진록』(서문당, 1977), 67쪽.
200) 김기동, 위의 책, 115쪽.
201) 김기동, 위의 책, 165쪽.
202) 김기동, 위의 책, 181쪽.

남원의 관왕묘

동생이 왜란을 당하여 의주로 피난하였사오니, 청병을 바삐 보내어 동생의 환란을 구하소서."라고 말한다.203)

이튿날에도 관운장은 천자의 꿈에 "천근 투구를 쓰고, 녹포운갑을 입고, 청룡도를 들고, 적토마를 타고, 삼각수를 거스르고, 봉의 눈을 부릅뜨고" 나타나 "제 말을 능멸히 아시면 도원결의를 어긴 형장(兄丈)도 후환이 있사오리다. 내 수백 년 고혼(孤魂)이라도 삼국시절 억만 대병을 마른 풀처럼 베던 신명이 지금도 조금도 감(減)치 아니하였으니 어찌 왜적을 조심하리오마는, 자식이 부모 덕을 입는 것이 떳떳한지라, 복원(伏願) 형장은 급히 청병하여 보내옵소서."라고 위협한다.204)

또 백순재소장본에도 관운장이 왜적에게 나타나 "유황숙(劉皇叔)은 환생하여 지금 대명국 황제가 되시고, 내 아우 장익덕(張翼德)은 환생하여 조선왕이 되었으니, 죽은 혼이라도 모르는 채 할 수 없어 너의 무리를 소멸코자 지금 나왔노라. 우리 동방예의지국으로 어찌 너 같은 왜놈에게 곤박(困迫)을 받을쏘냐?"라 말하고, 신장(神將)과 귀병(鬼兵)을 거느려 일진을 펼치니 죽는 자가 무수했다고 한다.205) 여기서는 중국과 조선이 같은 편이 되며, 특히 관운장이 "우리 동방예의지국"이라고 말하여 우리나라를 지키는 수호신이라는 사실이 강조되었다.

203) 김기동, 위의 책, 190~191쪽.
204) 김기동, 위의 책, 191쪽.
205) 김기동, 위의 책, 250쪽.

이 외에도 관운장이 중국 천자의 꿈에 나타나 "아우의 나라 왜란을 한번 도와주었사오나 힘이 능치 못하오며"라고 말하고, 장비가 환생하여 조선 왕이 되었기 때문에 "소장(小將)은 또 한번 도와줄까 하나이다."라고 말했다.206) 이는 임진왜란 때 한 번 도와주었고, 이제 정유재란(丁酉再亂)을 맞아 다시 한 번 조선을 도와주려 한다는 사실을 언급한 듯하다.

나아가 이 『임진록』 이본의 필자는 왜적이 진을 쳤던 자리에 군졸이 무수히 죽어있는 모습을 설명하면서 "이것이 어찌 관공(關公)의 혼령이 도와 주심이 아니리요?"라고 적고 나서, "속담에 이르기를 '관공께서 조선의 급한 난리에 세 번 도와주신다.'라 하더니 과연 그러하도다."라고 했다.207) 바로 이러한 내용이 입에서 입으로 전해져 임진, 정유왜란 때 조선을 2번 도와준 관운장이 다시 한번 우리 나라를 도와줄 것이라는 믿음으로 전개된다.

이처럼 비역사적인 허구의 시각에서 볼 때, 명군(明軍)의 원조에 결정적으로 영향을 행사한 관우의 신령은 '조선을 지켜주는 수호신'이라는208) 신앙적 성격을 부여받은 존재다.209)

한편 『임진록』에 나타난 관제신앙과 불교사상을 집권층에 의해 강요된 유교사상에 대항하기 위해 민중들이 제기한 신앙으로 보는 연구도 있다. 특히 관제신앙은 집권층의 문(文) 숭상이 빚어낸 전쟁의 패배에 반기를 들고, 전쟁 승리를 위한 무(武) 숭배가 나타난 것으로 본다.210)

---

206) 김기동, 위의 책, 260쪽.
207) 김기동, 위의 책, 263쪽.
208) 박경자, 『임진록에 나타난 인물연구 -국립도서관본을 중심으로-』(고려대 석사학위논문, 1980), 19쪽에 관운장은 모든 판본에서 수호신으로 등장한다. 물론 태백산 신령, 동해신령, 강릉노파, 무녀 등도 수호신적인 역할을 한다.
209) 김필래, 「관우설화 연구」, 『한성어문학』(한성대학교 한국어문학부, 1998), 76쪽.
210) 박경자, 앞의 글, 75쪽.

그런데 소설과는 달리 설화 속에 보이는 관우는 역사적 당위성을 상실한
채 축소되거나 약화되어 나타나며, 심지어는 언급조차 되지 못하고 누락
되기도 한다. 즉 일부 구비전승되는 설화에 등장하는 관우는 단지 성씨가
여씨(呂氏)라는 이유만으로 사람에게 징벌을 가하는[211] 잡신의 모습으로
나타나기도 한다.

이러한 상이성에 대해 양반 사대부 계층에서 담당하고 기록했던 문헌설
화에 보이는 관우의 모습은 거룩한 신령의 모습을 유지했지만, 구비설화
쪽에서는 점차 관우의 신성성이 약화되고 축소되거나 누락되었다는 설명
도 있다. 결국 호국신적 성격이 강했던 애초의 관우숭배가 차차 그 역사적
의미를 상실하고 잡신의 성격으로 나타나거나 신성성이 배제된 민담 속의
주인공으로 격하되었다는 주장이다.[212]

그렇지만 훗날 우리 나라의 민중들은 일제강점기라는 국가 존망의 위기
상황을 맞이하여 다시 한번 관제를 스스로 모셨다.

4. 조선 후기 민간의 관제신앙

관왕묘의 건립은 관우의 영험함과 이적이 전설로 유포되는 직접적인
계기가 되었다. 명청교체기를 지나 평화로운 시기가 지속되면서 정부에서
주도하던 관제신앙은 점차 민간신앙으로 전개되었다.

현종(顯宗) 12년(1671)에 "남관왕묘의 관우 소상(塑像)에 물기가 젖어

---

211) 관우가 자신을 죽음에 처하게 한 여몽(呂蒙)에게 원한을 갚는다는 내용이다. 평양의 서묘(西廟)
    나 동래의 관왕묘 연기(緣起) 설화에 나온다. 손진태, 『조선민담집』(향토연구사), 61쪽~62쪽.
212) 김필래, 앞의 글, 82쪽.

흘러내린 자국이 있었다. 서울 백성들이 피눈물이 흘러내렸다고 앞을 다투어 전했다."는 기록이 전한다.213) 이러한 전언을 통해 관제는 단순한 추모의 대상이 아니라 다양한 믿음의 대상으로 숭배될 개연성을 확보하게 된다.

또 영조 37년(1761) 12월에는214) "동묘와 남묘가 음사(淫祠)를 이루고 있으므로 특별히 신칙하여 금단할 것을 명했다."는 기록이 보인다. 따라서 이 무렵부터 관제를 충의의 화신으로 숭배할 것을 의도적으로 유포한 정부 측의 입장과는 전혀 다른 형태의 민중들의 관제신앙이 본격적으로 확산되었다고 짐작된다.

이와 관련하여 연암(燕巖) 박지원(朴趾源, 1737~1805)이 지은 『연암집(燕巖集)』「영처고서(嬰處稿序)」에215) 다음과 같은 내용이 있다.

> 우사단(雩祀壇) 아래 도저동(桃渚衕)에 푸른 기와를 얹은 사당에는, 얼굴이 윤나고 붉고 수염이 달린 의젓한 관운장(關雲長)의 소상(塑像)이 있다. 사녀(士女)가 학질을 앓게 되면 그 좌상(座床) 아래에 들여놓는데, 정신이 나가고 넋이 빼앗겨 한기를 몰아내는 빌미가 되곤 한다. (雩祀壇之下, 桃渚之衕, 靑甍而廟, 貌之渥丹而鬚, 儼然關公也. 士女患瘧, 納其床下, 懾神褫魄, 遁寒祟也.)

위의 기록은 18세기 후반 남묘의 관제에 대한 민간신앙의 편린을 엿보게 한다. 학질에 걸린 사람들을 관왕묘에 넣어 두면 관제의 위력에 힘입어

---

213) 『현종실록』 현종 12년 10월 17일(을미)조.
214) 『영조실록』 영조 37년(1761) 12월 13일조.
215) 정민, 『비슷한 것은 가짜다』(태학사, 2000), 120쪽에서 재인용.

병이 낫는다는 믿음이 실제로 있었던 것이다. 여기서 관제는 민중들에게 무서운 병마를 물리치는 치병신(治病神)으로 믿어졌다.

이외에도 정조 때 채제공(蔡濟恭, 1720~1799)의 번암집(樊巖集),216) 김조순(金祖淳, 1765~1832)의『풍고집(楓皐集)』「안동관왕묘중수기(安東關王廟重修記)」, 철종대 심원열(沈遠悅)의『학음산고(鶴陰散稿)』「관공명촉달야론(關公明燭達夜論)」, 김제덕(金濟悳)의『추수사고(秋水私稿)』「공명류관공형주론(公明留關公荊洲論)」, 조선후기 안효술(安孝述)의『설계집(雪溪集)』「관왕(關王)과 관혜(關盻)」, 육용정(陸用鼎)의『선전문고(宜田文稿)』「관왕묘론(關王廟論)」, 이우세(李禹世)의『석연문집(石淵文集)』「관왕묘중수기(關王廟重修記)」, 유화(柳和)의『수졸제유고(守拙濟遺稿)』「관우불허손권혼론(關羽不許孫權婚論)」, 이유원(李裕元, 1814~1888)의『임하필기(林下筆記)』「관왕묘(關王廟)」 등에 관왕묘와『삼국지연의』에 나오는 관우와 관련된 이야기가 언급된다.

한편 조선후기의 대표적인 야담집인 임방(任埅)이 지은『천예록(天倪錄)』에 사신을 보내 사당터를 정해 준 관왕신, 꿈에 나타나 요망한 일을 예방해 준 관왕신이라는 이야기가 전한다.217) 첫 번째 이야기는 백사(白沙) 이항복(李恒福, 1556~1618)을 해치려는 음모를 관왕(關王)이 어떤 선비의 꿈에 사자를 보내 막았고 그 선비가 관왕이 가르쳐준 곳에 남관왕묘를 건립했다는 내용이다. 역사적 사실과는 다른 전설이다.

두 번째 이야기는 어떤 선비가 꿈에 관왕신이 나타나 가르쳐준대로 7바

---

216) 「회령관묘행(會寧關廟行)」이라는 시가 있는 것으로 볼 때, 회령에도 관왕묘가 있었음을 알수 있다. 회령의 관왕묘는 4월 18일에 열렸는데, 관제가 이 날 강림한다고 믿었다고 한다. 그리고 "사람들이 관제 앞에 4배하고 향을 피우며, 재앙이 없어지고 복이 오라고 빈다."고 노래했다. 이 시는 이능화의『조선도교사』에도 언급된다.

217) 임방 편저, 김동욱, 최상은 공역, 『천예록』(명문당, 1995), 360쪽~369쪽.

리 짐을 싣고 한강을 건너 한양으로 가려는 사람들에게 관왕신이 써준 손바닥의 서명을 보내주었더니 짐을 가지고 온 사람들이 강물에 투신하여 빠져 죽었다고 한다. 그 짐을 태우니 나무를 깎아 만든 군사와 말이 농 속에 가득 차 있었다. 요술을 부리는 자가 환술로 도성에 싸움을 일으키려던 것을 관왕신이 막은 것이다. 그래서 조정에서는 도성 동쪽과 남쪽에 관왕묘를 세우고 제사지냈다고 한다. 관왕의 혼령이 명나라 군사를 따라와 우리 나라의 난리를 깨끗이 평정해 주었으며, 편저자는 "이제 이 두 가지 일을 들으니 우리 조정에서 관왕묘에 제사지내는 일을 폐하지 않음이 마땅하다."고 평했다.

5. 고종대 관제신앙의 전개과정

고종 13년(1876)에 『관제성적도지전집(關帝聖蹟圖誌全集)』과[218] 『해동성적지(海東聖蹟誌)』가[219] 간행되었고, 고종 17년(1880)에는 『태상감응편도설(太上感應篇圖說)』, 『태상감응편(太上感應篇)』, 『경신록(敬信錄) 언해』, 『과화존신(過化存神)』, 『각세진경(覺世眞經)』, 『삼성훈경(三聖訓經)』 언해본 등이 간행되었다.[220] 또 고종 20년(1883)에는 『관성제군명성

---

218) 단국현성전(檀國顯聖殿)에서 간행했다. 서문을 박규수(朴珪壽, 1807~1876)가 썼는데, 그는 자기가 20세 무렵부터 항상 관왕(關王)을 숭모(崇慕)해 왔으며 거처할 때나 꿈 속에서도 계고(誡告)와 지도를 받았다고 말했다.

219) 단국현성전(檀國顯聖殿) 주관으로 발간된 책으로 관운장 신앙과 관련된 사항만 수집하여 정리한 자료집이다. 규장각에 소장되어 있으며, 2권 1책 총 66장으로 목활자본이다. 『동묘 - 동묘자료집』(종로문화원, 1997) 뒷부분에 전재(轉載)되어 있다.

220) 윤병태(尹炳泰), 『한국 고서(古書) 연표(年表) 자료(資料) 현존(現存) 간기본(刊記本) 목록』(1969), 69쪽~73쪽.

북묘의 관제상과 4장군상

경언해(關聖帝君明聖經諺解)』가 간행되었고, 고종 21년(1884)에는『관성제군오륜경(關聖帝君五倫經)』이 간행되었다.[221] 특히 일반 민중들도 알기 쉽게 언해본으로 간행된 것이 관제신앙의 확산에 상당한 영향을 끼쳤을 것이다.

한편 고종 19년(1882) 임오군란을 피해 충주시 노은면 가신리로 숨어 들어간 명성황후는 인근 엄정면 괴동리에 신묘한 무당이 있다는 소문을 들었다.[222] 명성황후가 무녀를 찾아가자, 그 무당이 한 눈에 국모(國母)라는 사실을 용케 맞췄고 환궁(還宮)할 날짜까지 예견해 주었다. 훗날 이 일이 기묘하게 들어맞자 그녀의 예언의 정확함이 알려졌고, 무명 무당의 이름은 순식간에 온 나라에 널리 알려졌다. 이후 명성황후는 그녀를 신임하여 궁전으로 불러들여 가까이 두고 불안한 운명과 정세를 점치게 했고, 그녀는 명성황후의 권세를 등에 업고 벼슬을 구해 몰려드는 사람들로부터 많은 재물을 모았다고 전한다.

---

221)『삼성훈경』,『과화존신』,『관성제군명성경언해』,『관성제군오륜경』은『한국어학자료총서』 2(태학사, 1986)에 수록되어 있다. 고종 13년(1876)부터 23년(1886)까지 간행된 관성제군 관련 서적은 김일권,「한말시기 도교적인 정체성과 삼교통합주의 흐름 -관왕신앙의 성장과 선음즐교의 전개를 중심으로-」,『종교연구』32집(한국종교학회, 2003), 194쪽에 표로 정리되어 있다.

222) 이씨가 명성황후가 피신해 있던 노은면 가신리에 살고 있던 중년의 과부였다는 이야기도 있다. 김태준,『집념의 벽을 넘어, 나는 한 시대를 살아온 역사의 증인이었다』(하서출판사, 2001), 54쪽.

이와 관련하여 고종 19년(1882) 8월 18일 조상학의 상소문에 "요사이 항간에 요망한 여자가 나타나 감히 관제(關帝)의 딸이라고 하면서, 외람되이 요망한 사당을 설치하고 백성들을 미혹시킨다고 합니다. 속히 금지시키기 바랍니다."라는 내용이 있다.

어쨌든 그녀는 자신이 몸주로 모시고 있는 관성제(關聖帝)의 사당을 마련하여 그 위력을 빌어 국가의 안녕과 왕자의 안전과 무병장수를 빌고 어려운 정세를 무마하기를 원했다. 이에 명성황후가 창덕궁 북쪽에 북관묘(北關廟)를 지어 주었다. 그 후 그녀는 고향에도 자주 왕래했는데, 명성황후의 힘을 빌려 백운봉 동쪽 언덕에 백운암(白雲庵)이라는 절을 지었다.[223]

여걸로 유명한 명성황후가 그토록 무속에 빠지게 된 이유로 첫째, 처녀 때 어떤 점쟁이가 장차 왕비가 될 것이라고 예언했었는데 정확히 들어맞았던 점, 둘째, 1868년에 낳은 왕자가 쇄항병(鎖肛病)으로 사흘 만에 죽었는데 굿으로 그 영혼을 위로하고자 했던 점, 셋째, 자신과 하나밖에 없는 아들이 언제 반대파에 의해 살해당할지 모르는 위험에서 무당들의 예언과 해몽, 재난방지법에 매달리게 된 점 등이 거론된다.[224]

바로 이러한 상황을 『조선무속고』는 "이씨 성을[225] 가진 진령군(眞靈君)은 관성제군신(關聖帝君神)이 붓에 내려 이름을 지어주었다고 주장하면서, 왕의 명에 의해 송동(宋洞)에 북관묘(北關廟)를 짓고 살았다. 그리고 윤씨 성을 가진 현령군(賢靈君)은 이궁동에 있는 관왕묘에 살았기 때문

---

223) 김의숙, 앞의 글, 100쪽.
224) 김태준, 앞의 책, 52쪽~56쪽.
225) 구비전승자료와 자서전 등의 기록에는 윤씨 또는 박씨로 알려지기도 했다. 김의숙, 앞의 글, 101쪽. 한편 이규태는 박소사라고 했다. 「조선일보」, 2003년 6월 18일자. 그녀는 명성황후가 고종 32년(1895) 10월 8일 시해(弑害)당한 을미사변이 일어난 이듬해에 시름시름 앓다가 죽었다고 한다. 이경재, 「관왕묘」, 『서울 24시』(행림출판사, 1989) 참고.

에 '이궁대감전내신(二宮大監殿內神)'이라고 불렸다."라고 전한다.

여기서 전내신(殿內神)은226) 관성제군을 가리키는 용어이며, 당시 서울지방의 일부 무당들이 "관성제군이 내 몸에 내렸다."라고 말하고, 사당을 짓고 봉신(奉神)했다고 한다.227)

그런데 이와는 약간 달리 이씨 성을 가진 늙은 여자가 스스로 관왕신녀(關王神女)라고 칭했는데, 명성황후가 그녀를 신처럼 깊이 믿어 진령군이라는 호를 내렸다는 전언도 있다.228)

한편 강원도 홍천군 서면 두미리의 붓꼬지(筆谷) 마을에 있는 관성사(關聖祠)는 원래 거대한 전각이었는데, 구한말 명성황후가 총애하던 무당인 진령군 이씨의 청원에 따라 건립했던 것이다.229)

어쨌든 명성황후가 진령군 이씨의 청을 받아들여 관제(關帝)의 사당을 건립하고자 발원했고, 고종이 이를 받아들여 고종 20년(1883) 가을에 북묘(北廟)를 세웠다.230) 훗날 고종은 1884년 10월 갑신정변이 일어나자, 자신이 1883년 9월에 "황실을 보호하고 관왕의 충의를 권장하기" 위해 세웠던 북묘에 피신했다.231) 고종이 북묘에 피신했던 까닭은 갑자기 변고가 생겨 위급할 때 자신을 지켜주는 보이지 않는 힘이 작용할 안전한 피신처라는 믿음을 가졌기 때문이다.232) 이후 고종과 명성황후는 관우의 신령

---

226) "전내는 영웅숭배의 발단이 되는 것으로, 관우를 제사지내는 것이다.(조선 태조 이성계를 제사하는 것을 전내라고도 한다.)" 村山智順 著, 김희경 옮김, 『朝鮮의 鬼神』(조선총독부, 1929, 동문선, 1990), 178面.
227) 이능화, 「京城巫風 및 神祠 -殿內神-」, 『朝鮮巫俗考』(啓明俱樂部, 1927), 53쪽.
228) 이건방(李建芳), 「안교리묘지명(安校理墓誌銘)」, 『난곡존고(蘭谷存稿)』
229) 김의숙, 앞의 글, 93쪽.
230) 황현, 『매천야록(梅泉野錄)』 권1
231) 『고종실록』 권21, 고종 21년 10월 19일조. 「북묘비(北廟碑)」, 『서울 금석문대관』(서울특별시, 1987), 197쪽.
232) 송지원, 앞의 글, 396쪽.

이 가진 위력을 느끼고 북묘를 증축하도록 명했다. 고종은 비문을 친히
지어 주었을 만큼 북묘 건립에 큰 관심을 기울였고, 글씨는 민영환이 썼다.

한편 이 무렵에 동묘에 '언청 귀신'이라는 무서운 귀신이 산다는 속설이
유포되기도 했다. 고종 21년(1884)에 발생한 갑신정변의 처리를 명분으
로 서울에 주둔한 청나라 장수 원세개(袁世凱, 1859~1916)가 거느렸던
4천 5백 명의 병력 가운데 방정상 부대가 동묘에 본부를 두었는데, 이부대
원의 횡포가 가장 심했다. 이들은 인근 주민이나 행인 가운데 젊은 부녀자
를 보기만 하면, 강제로 납치, 능욕하는 것을 일삼았다고 한다. 능욕당한
많은 여인들이 신세를 한탄하고 목매어 자살했다. 그래서 부대가 철수한
다음에 동묘 인근은 빈집 투성이가 되었고, 잡초가 우거져 음산했으며,
원한을 품고 죽어간 여인들의 넋이 "언청! 언청!"하며 울면서 헤맨다는
이야기였다. 여기서 언청은 청나라를 원망한다는 '원청(怨淸)'이 와전된
것이라고 한다.[233]

그리고 고종 22년(1885) 8월에 공조참판 이응진이 "백성들이 문미(門
楣)에 이따금 복마성제(伏魔聖帝)라는 글을 써서 걸어놓는다고 하니, 이것
은 모두 이전에는 보지 못한 일입니다."라고 상소하여,[234] 당시 민간에서
관제가 신앙되었던 상황을 알려준다. 국가적 차원의 관제신앙이 민간에까
지 파급되어, 관제의 위력으로 집안의 액운을 막으려는 행위로 나타났던
것이다. 이와 관련하여 『한경지략(漢京識略)』(1890)에도 "도성 안 선비
집 부인들이 관제에게 기도하면 영험이 나타나, 향화(香火) 공양이 사철
끊이지 않았다."는 기록이 전할 정도였다.[235]

---

233) 이규태, 「동대문 밖 동관묘」『육백년 서울』(조선일보사, 1993) 참고. 무속에 '언청굿'이 있는
　　데, 흉액이 있을 때 베푸는 무당굿이다. 칼을 든 무당이 청나라 사람을 상징하는 짚으로 만든
　　인형을 난자하는 것으로 굿의 절정에 이른다.
234) 『고종실록』22년(1885) 8월 26일조.

고종 30년(1893) 8월 안효제는 "관왕의 제사가 중사(中祀)였고 숭상하고 찬양하는 뜻으로 설치했던 것인데, 근래에 와서는 시속이 거짓과 야박한 것을 숭상하고 굿을 하는 것이 풍속을 이루어, (관왕을) 제사지내는 위풍당당한 곳을 주문을 외우며 기도드리는 장소로 여긴다."고 상소했다.[236] 나아가 그는 "요사이 일종의 괴이한 귀신이 몰래 여우같은 생각을 품고 거룩한 황제의 딸이라고 거짓말을 하며, 스스로 북쪽 관왕묘의 주인이 되어 사람들을 속이고, 함부로 군(君)의 칭호를 부르며, 감히 임금의 총애를 가로채려 한다."고 부당한 제사를 올리기 좋아하는 무엄한 자들의 처벌을 제의했다. 그러나 고종은 "존경하며 숭배하는 관왕묘를 잡귀신 사당과 허황한 제단으로 치부하면서 신명을 우롱하는 처사다."라고 오히려 상소를 올린 안효제를 섬으로 귀양을 보내라고 지시했다.

위의 기록을 통해 당시 관왕묘에서 무당이 집전하는 굿과 같은 의식이 치러졌으며 여기에 많은 사람들이 모여들었다는 사실을 짐작할 수 있다. 또 고종은 이러한 관왕묘를 중심으로 벌어지는 무속에 대해 잘 알고 있었고, 이를 두둔하는 입장에 있었음도 알 수 있다

한편 고종은 즉위 34년이 되던 해인 1897년 조선이라는 국호를 대한제국으로 고치고 광무(光武)라는 연호를 새로 사용하여 황제로 즉위하였다. 이에 따라 기존의 국가전례가 많이 변화되어, 광무 5년(1901)에는 관왕(關王)도 관제(關帝)로 공식적으로 직위가 격상되었다. 이전에는 제후의 예에 따라 올려지던 전례가 황제의 예에 따라 승격되었기 때문이다.

235) 유본예 저, 권태익 역, 『한경지략』(탐구당, 1981), 60쪽. 이 책은 한성의 역사를 서술한 2권 2책의 사본으로 전한다. 저자는 수헌거사(樹軒居士)라고만 표기되어 있는데, 가람 이병기는 그를 정조 때 규장각 관리였던 유득공의 아들로 추정했다. 『동묘 -동묘자료집-』(종로문화원, 1997), 48쪽~49쪽 참고.
236) 『고종실록』 30년(1893) 8월 21일자.

동묘의 유비, 관우, 장비상

　　이후 고종은 광무 6년(1902) 1월 관우에게 현령소덕의열무안관제(顯
靈昭德義烈武安關帝)라는 호를 내렸다.237) 한편 고종은 스스로 "나는 일
찍부터 관우를 공경하고 감탄하였다."고 고백했고,238) "관왕의 충성과

237) 『고종실록』 권42, 광무 6년 1월 28일조.
238) 고종 39년(1902) 10월 4일조. "옛날 한(漢)나라 소열 황제(昭烈皇帝)가 관우(關羽), 장비(張
　　飛)와 더불어 바람과 구름이 어울리듯이 황제와 같은 의리를 맺는데 대하여, 나는 일찍부터 공경하
　　고 감탄하였다. 사당을 세우고 신주(神主)를 모시는 절차를 장례원(掌禮院)에서 마련하여 거행하
　　게 할 것이다." 라고 말하였다. 이 외에도 고종은 북묘비(北廟碑)에 "어느 날 관왕(關王)이 나의
　　꿈속에 현몽하고, 또 왕비의 꿈에도 현몽하여 지성스럽게 돌보아주는 듯한 생각이 들었다."는
　　기록을 남겼다. 이 비에 1884년 겨울에 일어난 갑신정변 때 북묘에 피신했다는 내용이 있는
　　것으로 보아, 갑신정변 직후에 건립된 것으로 추정된다. 『별건곤』 1929년 9월호에 고종이 임오년
　　(1882) 봄에 어떤 사람이 장검을 가지고 자기를 해하려는데 관우가 나타나 구해준 꿈을 꾼 일을
　　보고하고 있다.

의로움이 여전히 남아 여러 차례 조선을 도왔으니, 그를 더욱 경모해야 된다."고 밝혔다.[239]

또 고종 39년(1902) 10월에 조병식이 "(관제와) 함께 맹약을 다진 한(漢)나라 소열(昭烈) 황제와 장환후(張桓侯)에 대해서는 아직 신령을 위하는 곳이 없으니, 특별히 삼의사(三義祠)를 세워 소열(昭烈) 황제에게 기본 제사를 지내고 관제와 장환후(張桓侯)를 함께 제사지냅시다."라고 상소했다.[240] 중국 삼국시대 촉한(蜀漢)의 제1대 황제 유비(劉備)에 대한 제사를 중심으로 하고 관우와 장비(張飛)를 합사(合祀)하자는 상소다. 그 후 고종의 계비(繼妃)인 순헌황귀비(純獻皇貴妃)에[241] 의해 광무(光武) 6년(1902)에 서묘(西廟)가 건립되어 조병식의 건의가 받아들여졌다. 이 서묘에서 윤씨 성을 가진 현령군(賢靈君)이라는 무녀가 왕실의 안녕과 순헌황귀비의 자손의 번영과 행복을 빌었다. 서묘에는 관성제군의 화상(畵像)을 봉안했다. 순종 융희 2년(1908) 7월 순종의 칙령에 따라 관왕묘 제사가 철폐된 이후, 서묘도 철폐되었고 부지는 국유로 이속되었다. 이에 따라 서묘에서 봉안하던 관성제군의 화상은 동묘로 옮겨 봉안되었고, 제사도 융희 3년(1909) 4월에 동묘에 합사되었다.

이처럼 고종대에 서울에 북묘와 서묘가 건립된 것은, 풍전등화와 같이 위태롭던 나라의 정세와 운명을 '관왕(關王)의 위신력'을 통해 극복하려 했기 때문이다.[242] 사회적 모순과 민족적 위기가 대두되던 시대에 강력한

---

239) 그에 걸맞은 악장(樂章)도 새로 지어졌는데, 홍문관 학사 서정순(徐正淳)이 지어 올렸다. 관왕묘악은 고취 즉 군악(軍樂)이라는 점이 강조된다. 송지원, 앞의 글, 410쪽.

240) 『고종실록』 39년(1902) 10월 4일자.

241) 증찬정(贈贊政) 엄진삼(嚴鎭三)의 장녀로 8세 때 입궐하여 명성황후의 시위상궁으로 있다가, 명성황후 시해(弑害) 후 고종을 섬겼다. 대한제국 광무(光武) 1년(1897) 아들 은(垠)을 낳아 귀인(貴人), 순비(純妃), 순헌귀비(純獻貴妃)로 재차 책봉되어 순헌황귀비라는 칭호를 받으며 경선궁에서 살았다.

군신(軍神)인 관제가 밀려드는 외세를 물리쳐 우리 나라를 부국강병한 나라로 만들어주기를 바랐던 것이다.

한편 순종(純宗)은 융희(隆熙) 2년(1908) 7월에 개정한 제사제도에 대한 칙령을 반포하였다.243) 이때 대부분의 국가 규모의 제사가 폐지되거나 축소되었다. 남묘와 서묘의 부지는 국유(國有)로 이관되었고, 두 묘의 제사는 1909년 4월 10일에 동묘에 합사(合祀)되었다.

북묘는 한말의 친일단체인 신궁경의회(神宮敬義會)에 접수되었고,244) 이듬해 4월에 북묘의 제사는 동묘에 합사되었고, 부지는 국유로 이속되었다. 1913년 2월에 건물이 헐렸으나, 관우의 소상(塑像)과 묘정비문(廟廷碑文)은 동묘에 옮겨 현존하고 있다.

1910년에는 동묘 부지도 국유화되었다. 이때 관왕묘의 국가제사도 철폐됨에 따라 관왕묘의 위상은 뚜렷하게 약화되었고, 이후 한국 신종교에서 신앙되거나 민간신앙화하는 결정적인 계기가 되었다.

북묘는 1930년 3월 그 자리에 중앙불교전문학교가 세워지면서 사라졌고, 1910년 11월 서묘 건물에는 경성고아학교가 설립되었다.245) 1913년에는 남묘유지사(南廟維持社)가 결성되어 남묘의 제사를 담당했는데, 이 단체는 1923년 6월 30일에 재단법인 허가를 받아 관성묘로 개칭하고 제사의 의절을 문묘(文廟)에 준하여246) 거행했다.247) 한편 동묘의 본전

---

242) 김의숙, 앞의 글, 97쪽.

243) 순종실록 권2, 순종 2년 7월 23일자.

244) 서영대, 「한말의 단군운동과 대종교」, 『한국사연구』 114집(한국사연구회, 2001), 256쪽.

245) 1911년 9월에는 제생원이 설립되었고, 1912년 12월부터는 맹아교육장으로 활용되었다. 『京城府史』 제1권, 370쪽~373쪽, 제2권 237쪽~240쪽.

246) 1938년까지의 남묘 제향은 이왕직아악부(李王職雅樂部)가 맡았다. 장사훈, 『한국음악사』(정음사, 1978), 287쪽.

247) 『서울 600년사』 제4권(서울특별시사편찬위원회, 1991), 961쪽. 1913년 당시 치성단체인 춘추사, 일성사, 보성사, 영명사, 경명사 등의 숭신단체가 중심이 되어 찬조자 3,300명에게 찬조

건물은 일제하인 1936년 5월 23일에 보물 제42호로 지정되었다가,[248] 해방 후 제3공화국 때인 1963년 1월 21일자로 보물 제142호로 재지정되었다.

한편 "관왕의 신이 남쪽에서 나타났다가 동쪽으로 사라지기 때문에 남묘의 신상은 생상(生像)으로 만들었고, 동묘의 신상은 사상(死像)으로 만들어 도금(鍍金)했다는 기록이 전한다.[249] 그리고 동묘의 관우상은 두 가지가 있는데, 붉은 얼굴은 살아있을 때의 모습으로 무(武)와 장군을 상징하는 전쟁신으로 믿어지고, 흰 얼굴은 죽은 후 영혼의 모습으로 문(文)과 학자 또는 상인을 상징하는 학문과 무역의 수호신으로 믿어진다는 보고가 있다.[250]

그리고 어느 관왕묘인지는 밝히지 않고 정면에 관제를 모셨고, 좌편에 송(宋)나라 육수부(陸秀夫), 우편에 원(元)나라 장세걸(張世傑)의 상(像)이 안치되어 있다는 보고도 있다.[251] 여기서 보고자는 왕실 혹은 민중의 신앙대상으로서 건립된 관왕묘로 순헌황귀비(純獻皇貴妃)가 창설한 성제묘(聖帝廟), 죽첨정의 현성묘(顯聖廟), 종로의 현성묘(顯聖廟), 방산동의 현성묘 등을 열거하고 있다. 또한 그는 관왕묘가 점차 민간신앙의 대상으로 변해 갔다고 강조하며, 관왕묘에 관한 각종 자료를 소개하고 있다.

금 10,750원을 얻어 조선총독부로부터 토지와 건물을 불하받았다.

248) 「숭인동」, 『동명연혁고(洞名沿革考) -종로구편-』(서울시사편찬위원회)

249) 이규경, 앞의 글, 224쪽.

250) Gernot Prunner, *Kwansonggyo - A 20th Century Korean Revival of the Ancient Cult of the Chinese God of War*, Mitteilungen aus dem Museum fur Volkerkunde Hamburg 19 (1989), p.83.

251) 좌승상(左丞相)은 송(宋)의 육수부(陸秀夫), 우승상(右丞相)은 원(元)의 장세걸(張世傑)로, 관제(關帝)의 좌우에 배사되어 중국에서 전국적으로 신앙되었다. 조익(趙翼)의 『해여총고(陔餘叢考)』 권(卷) 33, 小柳司氣太 著, 김낙필 譯, 『노장(老莊)사상과 도교』(시인사, 1988), 307쪽에서 재인용. 이재욱, 「관왕묘」, 『조광(朝光)』 7년 6호(조선일보사 출판부, 1941년 6월), 186쪽~187쪽. 이들은 중국에서 국가가 존망의 위기에 처하자 목숨을 바쳐 의를 지킨 인물로 숭상된다.

한편 중앙관제묘에 대한 기록은 거의 보이지 않는데,252) 「매일신보」 1928년 3월 2일자에 "신화 같은 전설 같은 중앙관제묘(中央關帝廟)의 유래"라는 기사에서 종각 모퉁이에 붙어있는 관공(關公)의 사당은 260여 년 전 보신각을 지키는 관리의 꿈에 관성제(關聖帝)가 나타나 "내일 아침 일찍 자신의 화상(畵像)을 팔러 오는 여자가 있을 터이니, 그것을 사서 모시고 제향(祭享)을 드리라."고 했다는 이야기에서 유래했다고 한다.

종로를 중심으로 독점적 상업권을 부여받아 국가 수요품을 조달한 여섯 종류의 큰 상점인 육의전(六矣廛)의 배치도에 따르면 관제각(關帝閣)이라고 불렸다.253) 또한 위치상 중묘(中廟)로 불려지기도 했다. 관제가 강림할 때 남묘와 동묘를 거쳐 중묘로 온다는 이야기가 전하며, 그래서 남묘에는 생쌀로 메밥을 올리고, 동묘에서는 반숙한 밥을 올리지만, 중묘에서는 완숙한 밥을 올린다고 한다.254) 이러한 이야기가 전하는 것은 종로 상권의 중요성을 강조하려는 상인들의 입장을 반영한 것으로 보인다.

이에 대해 이능화(1869~1943)는 "우리 조선 사람도 관성제(關聖帝)를 신봉하여 재신(財神)으로 삼고, 그 소상(塑像)을 서울 종로에 있는 보신각 옆에 모시고 시가를 지키게 했다. 매년 10월이 되면 시정 상가(商家)에서 남묘(南廟)에 고사하여 재운(財運)을 빌었으니, 이 풍속은 중국에서 전래한 것이다."라고 평했다.255)

이는 우리 나라에서 관제가 재신(財神)으로 믿어졌다는 거의 유일한

---

252) 『별건곤』 1929년 9월호에도 "종로 보신각 부속묘는 시전(市廛) 사람들이 소규모로 위하던 것으로, 일반은 잘 알지도 못하는 것이다."라고 보고했다.

253) 김영상, 『서울 육백년』 4권(대학당, 1996), 255쪽.

254) 박전열, 「보신각종의 타종 양식과 상징적 의미」, 『종각 타종 풍습의 유래와 전승』(전통문화연구회, 1998)에서 조사한 내용이다. 중묘의 관제는 '성전님'이라고 불렸으며, 중국에서 들여온 것이라고 한다. 장장식, 앞의 글, 420쪽~422쪽에서 재인용.

255) 이능화, 『조선도교사』, 314쪽.

사례이다.256) 중묘는 1950
년 9월 28일 서울 수복 전투
때 일어난 시가전으로 보신
각이 불타면서 함께 소실되
었다.

한편 도중(都衆)은 동업조
합적 성격을 지녔기 때문에
시전도중의 공동번영과 안녕
을 위해 여러 곳에 치성을 드

동묘의 백석단

리는 행사를 주관했다. 입전의 경우 남관왕묘에 매년 10월 초순 안에 치성
을 드렸으며, 보정불(普靜佛)과 산신은 물론 각 곳의 부군당(府君堂)에도
제사를 지냈다.257) 현재 동묘의 뜰에는 백목전(白木廛)에서 기증한 석등
이 있다. 이로 미루어 볼 때 육의전(六矣廛)의 수전(首廛)인 입전(立廛)은
남관왕묘에, 두 번째 시전인 백목전은 동관왕묘에 대한 치성을258) 주관한
것으로 보인다. 이처럼 시전상인들이 관왕묘에 치성을 드리는 것은 관우
가 무신의 성격과 더불어 재신(財神)의 성격도 지녔기 때문이다.259)

---

256) 종로 육의전(六矣廛)에서 가장 큰 행사가 온 장안이 철시하는 관제대제(關帝大祭)였는데,
   상인들이 경쟁적으로 돈을 냈다는 전언이 있다. 그 액수가 상재(商財)가 비례한다고 믿었기 때문
   이라고 했는데, 구체적인 내용은 전하지 않는다.(「조선일보」 2003년 6월 18일자 이규태 코너
   「관우 한국학」) 이 부분이 밝혀져야 중앙 관제묘의 실제 건립시기와 신행을 알 수 있을 것이다.
257) 『立廛立議』
258) 전직 대행수(大行首)를 지냈던 자 가운데 선출된 종신직인 도령위(都領位)가 각종 제사를
   주관한다. 육의전 발전을 위한 치부책(致富策)으로서 남대문 밖 남묘에 각전(各廛) 상인들이
   매년 10월에 제사지냈다. 그리고 종로 보신각에 있는 소묘(小廟)에도 신상을 봉하여 재신으로
   삼고 고사지냈으며, 주전(鑄錢)사업을 시작하기 전에도 천제(天祭)와 함께 재신을 모신 남묘에서
   치성을 드렸다. 이 치성을 남묘별치성(南廟別致誠)이라고 불렀다. 유원동, 『한국근대경제사연구』
   (일지사, 1977), 158쪽, 451~453쪽.
259) 고동환, 「조선후기 시전(市廛)의 구조와 기능」, 『역사와 현실』 44권(한국역사연구회, 2002),

6. 20세기 초 우리 나라 일반인의 관제신앙

1890년대 후기에 이르면 관공(關公)의 신이 자기에게 내렸다고 주장하며 스스로를 대감전마마라는 여인이 있었고,260) 관제의 사당을 세우거나261) 자신이 바로 관제의 아들이나 딸이라고 주장하면서262) 혹세무민하여 돈이나 금품을 갈취하여 사회에 물의를 빚는 경우가 많이 보고된다.

그러나 관제신앙은 여전히 성행하였다. 1899년 2월에 화재가 났던 남관왕묘를 중수할 때 "관성제군을 숭봉하는 성심으로 자원 출의하여 부역하러 한다."는 보고가 있고,263) 다투어 기부금을 냈으며,264) 관왕(關王)의 아들이나 딸로 자처하는 사람이 많아 국고의 지원 없이도 관왕묘 중건이 가능할 것이라는 기사가 보인다.265)

또 차소사라는 여인이 자기 집에 관왕의 화상을 걸고 기도했는데 경찰이 단속하여 화상은 남묘로 옮기고 책, 예단, 향 등은 남묘 고지기에게 맡겼다는 기사와,266) 삼청동에 사는 여자가 관왕의 제자를 사칭하고 부녀자를 유혹했다는 기사가 있다.267)

81쪽.
260) 「독립신문」 1896년 6월 27일자 2면.
261) 「독립신문」 1896년 5월 26일자 2면.
262) 「독립신문」 1899년 2월 24일자 1면.
263) 「독립신문」 1899년 2월 20일조 2면. 2월 15일 오후에 청인 장사치가 종이로 만든 지전을 불사르다가 실화한 것이다. 2월 17일자 기사에서는 "황상 폐하께서 대단히 걱정하시고, 대신 민영환을 보내 치위제를 지내라."고 할 정도로 고종도 관심을 보였다. 2월 28일자에는 고종이 전 군수 현재보를 임명하여 남관왕묘 중건의 소임을 맡겼다는 기사가 있다.
264) 「독립신문」 1899년 3월 15일조 2면. 서울 안팎의 사람들이 자원하여 부역했으며, 나라에서는 여러 차례에 걸쳐 거금의 중건비를 내려 역사를 마치게 했다.
265) 「독립신문」 1899년 2월 24일자 1면.
266) 「독립신문」 1899년 4월 10일자 3면.
267) 「황성신문」 1899년 10월 23일자.

그리고 1904년 8월 경무청의 조사에 따르면 무당, 잡술자, 관공을 모신 자가 서울에만 5백명이라는 기사가 보인다.[268]

1905년 무렵 경무사(警務使) 신태휴(申泰休)의[269] 취임 기간동안 사람들이 집에서 관우 화상(畵像)에게 제사지내는 일을 미신으로 규정하여 엄중하게 단속했기 때문에, 관제신앙이 큰 타격을 입었다고 한다.

1906년에는 인천에서 경찰이 무녀와 관공 위패 봉안자들을 모아 놓고 그런 일이 시대에 뒤떨어지는 일이라고 효유하고, 관공의 위패, 향탁, 제구 등을 소각했음을 칭찬하는 기사가 보인다.[270]

그러나 정부의 이러한 시책에도 불구하고 관제신앙은 수그러들지 않았다. 특히 1906년 서묘를 세웠던 엄비의 친동생이 관제의 화상(畵像) 10여 본을 집안에 모셔놓고 매월 초하루와 보름에 기도와 치성을 드렸다.[271]

또 1908년에는 학교를 짓기 위해 관왕묘를 철거하려 하자, 동네주민들이 나서서 적극 막았을 정도이며,[272] 관성제군이 지핀 무녀가 체포되었다는 기사도 보인다.[273]

1908년에는 수련(壽蓮)이라는 무당이 관우장을 모셨는데, 그녀가 황제폐하의 어진(御眞)과 관왕의 화상을 독일사람 집에 숨겨두었다가 되찾는 과정에서 경찰에 발각되어 빼앗겼지만,[274] 1910년 이등박문(伊藤博文)을 위해 제를 지낼 때 관공(關公)의 신위를 모셨다는 보고도 있다.[275]

---

268) 「대한매일신보」 1904년 8월 23일자 1면.
269) 경상북도 관찰사를 역임했던 신태휴가 오늘날의 시경국장에 해당하는 경무사로 재직했던 1904년 6월에 우리 나라에서 처음으로 공창제도를 만들었고, 1905년 10월에 "흰 옷 대신 검정색 등 짙은 색의 옷을 입으라."는 법률을 발표했다.
270) 「대한매일신보」 1906년 10월 13일 3면.
271) 「황성신문」 1906년 7월 20일조 2면.
272) 「대한매일신보」 1908년 5월 30일조 2면.
273) 「대한매일신보」 1908년 6월 12일 2면.
274) 「대한매일신보」 1908년 6월 17일자 3면.

이외에도 1909년에 손소사라는 여인이 관성제군의 영혼을 따르며 사람들의 길흉화복을 봐준다는 기사도 있다.276)

1913년 조선총독부에서는 남묘를 일반인에게 불하했는데, 이때 서철무가 활동하던 관성묘유지재단이 낙찰받아 인수했다.

그리고 「매일신보」 1914년 5월 31일 「단오일의 관왕묘」라는 기사에는 많은 사람들이 모였다고 한다.

또 「매일신보」 1915년 3월 11일자에 「관성제군유서(關聖帝君遺書)는 약방문(藥方文)」이라는 기사가 있다. 당시 경상남도 진주군에는 전남 순천군에서 전해오는 이상한 소문이 있었는데, "금년 5월부터 10월까지 역질로 인해 사람이 많이 상할 것이니, 관성제군유서를 집집마다 비치하고, 몇 가지 약재를 칠분(七分)씩 달여 먹어야 한다."는 것이었다. 질병의 발생을 예언하고 이를 예방하기 위해 관제와 관련된 글을 준비해야 한다는 내용이다.

「동아일보」 1920년 6월 21일 「경성과 단오절」이라는 제하에 단오절을 맞아 관왕묘와 창경원을 독차지한 듯한 아가씨들이 많다는 기사가 있다. 이처럼 당시 관왕묘를 찾는 사람들이 많았으며 특히 단오절에 모였다고 전하는데, 관제와 단오절은 특별한 관련이 없다.

한편 「동아일보」 1922년 8월 21일자에 「관우공(關羽公)과 불상(佛像)의 분쟁(紛爭)」이라는 기사가 있다. 내용은 용산 금정(錦町)에 있는 당집은 원래 관공(關公)을 모시던 곳으로 토지조사 때 총독부 소유가 되었으나, 근일(近日) 그 집을 일본인이 경영하는 불교단체인 화광교원(和光敎園)에 내주게 되어 말썽을 일으키고 있다는 것이다. 당집에는 관공 이외에

---

275) 「대한매일신보」 1910년 1월 18일자 2면.
276) 「황성신문」 1909년 5월 13일 2면.

여러 명상의 석상을 안치하고, 해마다 한 번씩 제사를 지내고 일반인이
와서 복을 빌어 매우 존숭하던 장소였고, 또 조선인들이 돈을 내어 짓고
수백 년 동안 복을 빌고 제를 지내던 터였기에 사람들이 모여 대항책을
의론했다고 한다. 기자는 "관공이 쫓겨나가려는가, 부처님이 못 들어앉으
려는가?"라는 말로 끝맺어, 당시에 관제를 모시는 무당들이 상당히 있었음
을 짐작케 한다.

「동아일보」1922년 11월 7일자에 중국 삼국시대의 관운장의 석상을
안치한 남관왕묘(南關王廟)를 재단으로 조직하는 과정에서 건물 소유권
문제로 소송이 일어났다는 기사가 보인다.277) 피고는 수물두동리 사람으
로 80명이나 된다. 순진한 아낙네들이 4월 8일이나 5월 단오가 되면 관왕
묘에 가서 복을 비는 일이 많았는데, 7~8년 전에 일본인 손에 들어가자
남묘유지사(南廟維持社)를 만들어 임진환(林震煥) 외 80명이 돈을 걷어
그 집을 사서 공유로 했다고 한다. 이들이 재작년 8월 3일에 모여 남묘유지
사를 재단법인으로 만들자는 의론이 일치했다는 내용이다.278)

또 「동아일보」1923년 6월 27일자에 「남묘제전(南廟祭奠)」이라는 제
목하에 "작일(昨日) 26일은 관성제(關聖帝)의 탄신이라, 남묘(南廟)에서
성대한 식이 거행되었다."는 짧막한 내용이 실려 있다. 여기서 "부인네들의
바다를 이루었다."는 내용으로 보아, 모였던 사람들은 주로 부녀자층이
주류였음을 알 수 있다. 그리고 이 기사는 "관왕묘 정전 앞 뜰과 삼문 앞
뜰에 모였고, 특히 삼문 중앙에는 선명한 황등롱불을 걸고 일반 신앙자들

---

277) 1913년 조선총독부가 남묘를 일반인에게 불하했을 때 서철무가 주도하던 관성묘유지재단이
    낙찰을 받아 인수했다.
278) 이와 관련하여 조선총독부가 남묘를 매각하려 했을 때, 우리 나라 상인들이 중국 화교 상인들
    과 합세하여 저지했다는 기록이 전한다. Charles A. Clark, Religions of Old Korea(New
    York, Fleming H Revell Co., 1932) pp.132~133.

이 만수향을 피워 들고 자손의 수명과 가정의 복록을 축원했다."고 전한다. 당시 관왕묘에 모여든 사람들은 관제를 군신으로 신앙한 것이 아니라 수명과 복록을 맡은 신으로 믿었음을 알 수 있다.

또 「동아일보」 1923년 7월 5일자에 「남묘유지사(南廟維持社)를 재단법인으로」라는 기사가 있다. 내용은 6월 29일에 당국에서 재단법인 허가가 났고, 남묘(南廟)를 관성묘(關聖廟)로 개칭(改稱)하고, 재정 정리에 착수중이라고 한다. 이사장은 김규환(金奎煥)이고 사무이사는 오응묵(吳應默)씨가 피임되었다고 전한다.

「동아일보」 1923년 7월 7일자에 「재단법인 관성묘(關聖廟) 직원 선정」이라는 기사가 있는데, 특기할 것은 없다. 또 「동아일보」 1923년 8월 14일자에 남대문 밖 관성묘재단(關聖廟財團)에서 고유대제(告由大祭)가 택일하여 거행될 예정이라는 짤막한 기사가 보인다.

한편 「동아일보」 1924년 2월 29일자에 일반 독자의 투고를 싣는 자유종(自由鍾) 란에 「시대역행(時代逆行), 관왕묘중수부역사건(關王廟重修夫役事件)에 대해」라는 제목으로 일불평생(一不平生)이라는 사람이 기고했다. 1923년 11월에 개성 5만 시민을 무시하고 몇 사람의 마수에 농락되어 4~5백 명의 무지무능한 시민에게 부역시킨 일이 있었으니, 백주의 미신이 얼마나 무서운 것인가를 고발하는 내용이다.

「동아일보」 1924년 6월 14일자에 관제묘탄신제(關帝廟誕辰祭)가 음력 5월 13일에 남문(南門) 밖 관제묘(關帝廟)에서 거행한다는 기사가 있고, 1924년 7월 17일자에는 숭인동에 있는 동관왕묘 사진이 실려 있다.

「동아일보」 1925년 1월 10일자 자유종(自由鍾) 란에 「개성(開城) 관왕묘(關王廟)와 망동(妄動)」이라는 독자 투고문이 있다. 개성에서도 1년에 여러 번씩 관왕묘에 제사지내는데, 금년 봄에 이 모 외 몇 사람이 관왕묘 수리를 빌미로 의연금 모집했던 일을 힐난한다. 투고자는 "관성제의 충의만 숭상한다면 중국의 충의지사가 어찌 관운장에 그치리요? 그리고 중국과 조선은 엄연히 다른 나라이므로, 관운장의 국적은 중국이다."라고 주장했다.

이외에도 「동아일보」 1925년 1월 11일자 학창산화(學窓散話) 란에 「관우(關羽)와 미신(迷信)」이라는 글이 있다. 관제신앙의 유래를 묻는 독자에게 신문사측에서 "임진왜란 때 가등청정이 조선을 무찔러 들어와 정세가 위급할 때, 삼각수를 거스르고 청룡도를 높이 들고 적토마를 비껴 탄 알지 못할 장수가 남쪽에서 나타나 급한 것을 구원한 후 동쪽에 이르러 사라져 버린 일이 있었다. 이를 관운장의 현령(現靈)이 조선 사람을 구원한 것이라고 하여 관운장의 은혜를 생각하고 숭배하기 시작했다."고 답글을 쓴 것이다.

또 「동아일보」 1925년 11월 17일자에 「임진왜란 때 적토마에 청룡도」라는 제하에 관왕묘의 내력과 숭배 이유가 관운장이 나타나서 왜병을 물리쳤다는 것이지만, 실상은 명인(明人)의 숭배에 우리 나라 사람들이 '덩달아 굿'한 것이라는 힐난이 있다.

「동아일보」 1926년 9월 14일자에는 평양의 관제묘가 40년전인 1866년에 건설되었다는 내용이 있다. 그리고 「동아일보」 1926년 10월 15일자에 「관우공(關羽公)이 집금(集金)」이라는 기사가 있다. "시외(市外) 하왕십리 428번지 원도상(元道常)의 처 김운학(金雲鶴, 50세)은 수 십 년 전부터 무녀(巫女)였다. 수삭 전에 그 동리의 관공(關公)님을 모셨다는 집을 왕신학원(旺新學院)에서 헐어버렸는데, 이를 기화로 우매한 촌부녀에게 관공님의 화상을 모시지 않으면 동리에 못된 병이 돌아다니겠으니, 집을 다시 짓고 그곳에 모시겠다고 돈을 거두어 4~5평 건물을 건축 중이니

충북 영동 당곡리의 12장군 신당

일반 촌부는 주의할 일"이라는 내용이다.

한편 청일전쟁279) 후에 일본의 눈치를 보아 숭청(崇淸) 사상의 하나인
이 존신(尊信)을 그만둔 사람이 많았다는 주장도 있다.280) 그러나 앞에서
살펴본 바와 같이 민간의 관제신앙은 꾸준히 생명력을 이어갔으며, 이후
에도 계속 유지된다.

---

279) 책의 저술시기로 볼 때 1894년부터 1895년까지 일어난 청일전쟁을 가리킨다. 1931년에
　　발발한 만주사변은 1937년에는 중일전쟁으로 확대되는데, 그 이전에 저술되었다.
280) 무라야마 치준(村山智順) 저(著), 김희경 옮김, 『조선(朝鮮)의 귀신(鬼神)』(조선총독부,
　　1929, 동문선, 1990), 178면(面).

즉 「조선중앙일보」 1935년 2월 10일자에 「관왕묘로 몰려드는 미신에 달뜬 남녀」라는 기사가 있고, 「동아일보」 1938년 7월 21일자에는 「자녀 낳기 위한다는 관제묘(關帝廟) 기원 단속」이라는 기사도 보인다. 여기서 관제가 자손을 낳게 해주는 신으로도 믿어졌음이 확인된다.

나아가 「고려시보」 1939년 3월 1일자에 「금년신수는 대길할까요? 관왕묘 매점인(買占人) 오천 명 돌파」라는 기사가 있다. 이처럼 오랜 기간에 걸쳐 관제는 여전히 많은 사람들의 숭배대상이 되었다. 그러나 확고한 신앙이라기보다는 집안의 안녕을 기원하거나 자손번창을 위해 기원하거나 한 해의 길흉화복을 점치는 정도였다. 그렇지만 단순히 복을 비는 행위에서 적극적으로 점을 치는 행위로 전개된 것이 흥미롭다. 이러한 경향은 첨사를 통해 점치는 중국의 관제신앙이 알려지게 된 것으로 보인다. 한편에서는 이러한 세태를 비판하는 의견도 상당했다.

어쨌든 관우는 우리 나라에서 나라를 위험에서 구해주는 신, 출산과 자손 번영의 기원도 들어주는 신격으로 믿어졌다.281) 그리고 현재까지도 일부 마을에서는 매년 정월 보름날 관제를 동신(洞神)으로 모시는 제사를 지내기도 한다.282)

---

281) 무라야마, 위의 책, 172面.
282) 충북 영동군 당곡리와 경북 성주군 벽진면이다. 강춘애, 앞의 글, 406쪽~407쪽. 필자가 2004년 2월에 현지답사한 결과, 영동읍 당곡리(堂谷里) 12장군 신당에는 관우, 제갈량, 장비, 조자룡, 마숙, 마초, 강유, 황충, 요화, 비위, 마축, 위연 등 『삼국지연의』에 나오는 12장군이 모셔져 있었고, 신당 옆에 조그마한 적토마당이 있었다. 모두 화려한 색채를 사용하여 화본으로 모셨다. 매년 음력 1월 14일 저녁에 마을 주민들이 모여 당제를 모셨으나, 여러 가지 사정으로 인해 2003년부터는 지내지 않는다.

한국종교에 보이는 관제신앙

이 장에서는 한국종교의 교리, 의식, 설위(設位) 등에 나타나는 관제신앙의 전개과정과 현황에 대해 살펴보겠다. 영웅적 인물로서 관우를 숭배하는 일을 넘어서 초월적 신격으로서의 관제(關帝)를 믿는 교단들의 다양한 신앙과 행위에 대해 알아보고자 한다.

1. 선음즐교(善陰騭敎)

이능화(1869~1943)는 『조선도교사』에서283) "1872년 11월에 서울 삼각산 감로암(甘露庵)에 최성환(崔瑆煥), 정극경(丁克慶), 유성종(劉聖鍾) 등 100여 명이 조직한 염불단체인 묘련사(妙蓮社, 혹은 법련사(法蓮

寺))가 있었다."고 보고한다.284) 이들이 산사에 모여 염불에 정진하자285)
홀연히 관음(觀音)이 묘응을 나타내 11차례나 설법하는 이적이 있었다.
그 내용을『제중감로(濟衆甘露)』라는 책으로 묶었는데, 여순양(呂純陽)이
강림해서 지었다는 서문이 있다.286) 이들은 중국에서 구한『관우성적도지
(關羽聖蹟圖誌)』,287)『중향집(衆香集)』,『각세진경(覺世眞經)』,『명성경
(明聖經)』,『삼성보전(三聖寶典)』,『과화존신(過化存神)』등의 책도 공부
했다.288)

　이능화는 이 단체를 선음즐교라고 부른다. 한편 이강오(1920~2000)
는 이 결사를 신흥불교 발생의 효시289) 또는 불교가 도교와 유교 그리고
무속신앙을 혼합한 것으로 보고, 당시 동학이나 남학 등이 신흥종교로
발생할 때 혼합종교의 특성을 가졌던 것과 같은 맥락에서 이해한다.290)

　한편 선음즐교의 대표적 조직자인 어시재(於是齋) 최성환(崔瑆煥,
1813~1891)의 본관은 충주이며, 충북 청원군에서 일생을 마쳤다.291)

284) 이능화, 앞의 책, 303쪽~307쪽.
285) 이 묘련사에서는 관음보살 염송(念頌)을 주로 하는 정진회(精進會)를 개설하고, 관음보살의
　　현신(現身)과 연명감로(延命甘露)를 받기 위해 송경(頌經)으로 고해자양품(苦海慈兩品)과 십종
　　원신품(十種圓信品) 등을 설법했다. 이들은 해인장자가(海印長者家), 담연단(湛然壇), 보련정실
　　(寶蓮淨室), 여시관(如是館), 삼성암(三聖庵), 진국사(鎭國寺) 등 일곱 장소에 법단(法壇)을 개설
　　하고, 4년간 강법(講法)한 끝에『관음보살묘응시현제중감로서(觀音菩薩妙應示現濟衆甘露書)』를
　　짓고 금강경탑(金剛經塔), 지장본원경탑(地藏本願經塔) 등을 조성했다.
286) 1877년에 인쇄하여 보급했고, 부우제군(孚佑帝君) 여순양의 서문이 있다. 이능화, 위의 책,
　　304쪽.
287)『관제성적도지(關帝聖蹟圖誌)』의 오기(誤記)로 보인다.
288) 이능화, 위의 책, 307쪽.
289) 이강오,『한국신흥종교총감』(대흥기획, 1992), 588쪽. 이외에도 이강오는 "1860년 최황(崔
　　皇), 정극경(丁克慶) 등이 염불단체로서 묘련사를 결사했으며, '도교와 비슷한 불교종단'이다."라
　　고 기록하기도 했는데, 최성환을 잘못 적은 것 같다. 이강오,『한국신흥종교총감』(대흥기획,
　　1992), 915쪽.
290) 이강오,『한국신흥종교총감』(대흥기획, 1992), 752쪽.
291) 백현숙,「최성환의 인물과 저작물」,『역사학보』제103집(1984), 80쪽. 이외에도 기우동,

그는 중인(中人) 출신으로 문학, 지리학 등 여러 방면에 많은 편·저서를
남겼고, 정치에도 뛰어난 식견을 지녔던 경세가(經世家)였다. 무과에 급제
하여 도사(都事)까지 올랐으나, 철종(哲宗) 5년(1854)에 벼슬을 그만두
고 양주에 낙향하여 저술에만 몰두했다.292) 그는 헌종(憲宗) 14년
(1848)에 이미 『태상감응편(太上感應篇)』을 간행했으나 현재 전하지 않
으며, 철종 3년(1852)에 『태상감응편도설(太上感應篇圖說)』 5권 5책을
역편(譯編)했다.

주지하다시피 『태상감응편』은 중국 송대에 편찬되어 민간에 널리 전해
진 도교와 관련된 선서(善書)다. 이 책은 언제 누구에 의해 저작되었는지
는 알 수 없고, 12세기 중엽에 갑자기 주목되었다. 그 후 『태상감응편』은
『문창제군음즐문(文昌帝君陰騭文)』과293) 『관성제군각세진경(關聖帝君
覺世眞經)』과294) 함께 중국 민중종교의 삼성경(三聖經)으로 널리 퍼졌
다.295) 이들 삼성경은 명말(明末) 이래 중국 민중의 정신생활의 규범으로
받아들여진 민중의 생활윤리와 종교신앙을 지탱하는 지주였다.296)

그리고 철종 7년(1856)에 최성환은 『각세신편팔감상목(覺世新編八鑑

『최성환의 생애와 사상』(한양대 교육대학원 석사학위논문, 1993)이라는 글도 있다.
292) 백현숙, 위의 글, 89쪽.
293) 즐(騭)은 정(定)의 의미인데, 음즐은 "화복(禍福)의 강하(降下)는 명명(冥冥) 중에 정해진다."
는 뜻이다. 문창제군에 대한 신앙은 송대 이후에 점차 확대되어 명청대(明淸代)에는 일반 서민들
에게 있어서 중요한 신격이 되었다. 음즐문은 16세기 말에 성립되었다고 추정되며, 전문 544
글자로 이루어진 짧은 책이다. 백현숙, 앞의 글, 102쪽. 이 외에도 음즐을 "하늘이 은연중에
사람의 행위를 보고 화복을 내림"으로 설명하기도 한다. 葛兆光 지음, 심규호 옮김, 『도교와 중국
문화』(동문선, 1993), 296쪽.
294) 『각세진경』은 청초(淸初)에 성립되었을 것으로 추정되는데, 『태상감응편』과 『음즐문』에 비해
보급이 저조하였다.
295) 백현숙, 위의 글, 100쪽.
296) 요시오까 요시토요(吉岡義豊), 『現代中國の諸宗教』(아시아佛教史 中國編 III, 佼成出版社,
1974), 97面~114面.

常目)』11권 6책을 편간(編刊)하여, 관성제군(關聖帝君), 문창제군(文昌帝君), 부우제군(孚佑帝君) 등 삼성신앙에 대한 자신의 독자적인 견해를 밝혔다.297) 이 책의 이름은 『관성제군각세진경』에서 따서 지었고, 경주감(經註鑑),298) 지송감(持誦鑑), 수신감(修身鑑), 계음감(戒淫鑑), 의약감(醫藥鑑) 등의 8감으로 구성되어 있다.

또 그는 고종(高宗) 17년(1880)에는 왕의 명령에 따라 예전에 역편했던 『태상감응편도설』을 간행했다.299) 이 책은 그림이 첨부되어 있고, 한문으로 된 본문에 선과 악에 대한 응보사례가 붙어 있다. 특히 모든 내용을 한글로 번역한 언해(諺解)가 있어서, 민간에 널리 보급하기 위한 것임을 명백히 알 수 있다.

어쨌든 당시 사람들은 최성환 등이 조직한 단체를 선음즐교(善陰騭敎) 또는 정일교(正一敎)라고 불렀다. 이는 중국 진대(晉代)의 혜원(慧遠) 법사가 유・불・도의 신자를 모아 수련하던 백련사(白蓮社)와300) 같은 결사단체로 보았기 때문이다.

묘련사는 염불 이외에도 관성제군, 문창제군, 부우제군 등 삼제군(三帝君)을 신봉하고 관음보살과 태상노군이 강필(降筆)로써 계시한다는 것을 믿었다.301) 신앙대상으로는 관성제군, 문창제군, 부우제군을302) 신봉하면서, 『각세진경』, 『명성경』, 『삼성훈경(三聖訓經)』, 『경신록언석(敬信錄

---

297) 규장각 도서번호 古1422-1이다.
298) 「경주감」은 삼성경에 최성환이 나름대로의 주석을 붙인 것이다.
299) 백현숙, 위의 글, 96쪽~97쪽.
300) 혜원법사가 호계(虎溪) 동림사(東林寺)에서 승려 혜영(慧永), 혜지(慧持), 도생(道生)과 당시 이름난 선비였던 유유민(劉遺民), 종병(宗炳), 뇌차종(雷次宗), 주속지(周續之) 등 123인을 모아 아미타불에게 서방정토 극락세계의 업(業)을 닦을 것을 맹세하고 정진수양한 일종의 결사 수련단체다. 이강오, 『한국신흥종교총감』(대흥기획, 1992), 604쪽.
301) 이능화, 『조선도교사』, 423쪽.
302) 부우(孚佑)는 "성실하게 진심으로 돕는다."는 뜻이다.

諺釋)』, 『선음즐문(善陰騭文)』 등을 편찬하였다.

문창제군은 북두칠성의 첫 번째 별부터 네 번째 별 사이에 있는 여섯 개의 별을 신격화한 것이라는 주장이 있다. 그리고 중국 고대의 전설적 제왕인 황제(黃帝)의 아들 휘(揮)가 문창제군인데, 주(周)나라 때부터 원 (元)나라까지 2,500여 년에 걸쳐 97차례나 이 세상에 태어나 학문에 뜻을 가진 사람들을 도와주었다는 전설도 있다.

또 당대(唐代)의 장아(張亞)라는 사람이 문창제군이라고도 믿어졌는 데, 그는 고향인 절강성을 떠나 사천성 재동(梓潼)에 가서 후학들을 양성 한 훌륭한 인품과 탁월한 문장력의 소유자였다고 한다. 그가 죽은 뒤 제자 들이 스승을 추모하여 청허관(淸虛館) 경내에 작은 사당을 지어 모셨던 것이 문창제군 신앙의 시작이라고 본다.303)

그러나 이런 여러 가지 설이 있음에도 불구하고, 문창제군에 대한 직접 적이고 구체적인 이야기가 전하는 것은 거의 없다. 다만 수험자의 신이기 도 했던 문창제군은 명과 청대에 접어들면서 매우 인기가 높아졌는데, 그 이유는 과거제도를 둘러싼 정치적 이해관계 때문이었다.304)

한편 문창제군(文昌帝君)은 재동제군(梓潼帝君)으로도 불리는데, 녹적 (祿籍)을 관장하는 신으로 믿어진다. 『명사례지(明史禮志)』에 따르면 "재 동제군의 성(姓)은 장(張)이고, 이름은 아자(亞子)이며, 촉(蜀)의 칠곡산 (七曲山)에 살았다. 진(晉)에 벼슬했는데, 전쟁에서 죽었다. 사람들이 묘 (廟)를 세우고 제사지냈다. 당(唐)과 송(宋)에서 여러 번 책봉하여 영현왕 (英顯王)에 이르니, 도가(道家)에서 재동제군이라고 불렀다. 문창부(文昌 府)의 일과 인간계의 녹적(祿籍)을 관장했기 때문에, 원(元)에서 제군(帝

303) 마노 다카야, 앞의 책, 99쪽.
304) 마노 다카야, 위의 책, 101쪽.

君)으로 가봉(加封)했다. 온 천하의 학교와 제사지내는 이들은 매년 2월 3일에 제를 지낸다."라 했다.305)

그리고 부우제군은 여조(呂祖), 여동빈(呂洞賓), 순양진인(純陽眞人)으로도 불린다. 그는 당나라 덕종(德宗) 정원(貞元) 14년(798) 무렵에 태어났다.306) 여동빈은 세 번이나 과거에 응시했으나 떨어졌고, 우연히 장안에 있는 술집에 들렀다가 종리권(鍾離權)을 만났다. 영원한 생명을 찾아보라는 가르침에 종리권을 따라 섬서성 종남산(終南山)에 들어가 수행에 정진했다. 그 후 종리권은 하늘로 올라갔고, 여동빈도 동행을 권유받았지만, 민중들을 괴롭히는 각종 재난이나 재앙을 없애버릴 때까지 지상에 머물러 있게 해 달라고 간청하여 허락받았다고 전한다.

여동빈은 불로장생의 묘약인 용호금단(龍虎金丹)을 만드는 방법이 적힌 책과 천둔검법(天遁劍法)이라는 악령퇴치법을 가지고, 여러 시대와 다양한 장소에 거지 모습으로 나타나,307) 사람들에게 약을 주거나 붓글씨를 팔아 번 돈으로 궁핍한 사람들을 돕는 '서민들의 수호신'이다.308)

대만에서는 부우제군만 모시거나,309) 관제와 부우제군을 함께 모시는

305) 이숙환(李叔還) 편찬, 『道敎大辭典』(巨流圖書公司, 1979), 346면.
306) 여조(呂祖) 즉 여동빈(呂洞賓)은 살아있을 때부터 이인(異人)으로 생각되었고, 뒤에는 선인(仙人)이 되었다고 믿어졌다. 오늘날 대만에서는 관제, 여조, 조왕신(竈王神)을 삼성은주(三聖恩主)로 받든다. 그리고 대만의 일부 묘에서는 지금까지의 옥황(玉皇)이 물러가고, 대신 관제가 들어갔다고 한다. 이는 중국의 민족영웅이라는 의미에서 관제신앙이 유력하게 되었던 것 같다. 구보 노리다다(窪德忠) 지음, 최준식 옮김, 『도교사』(분도출판사, 1990), 30쪽.
307) 여동빈은 오대와 송나라 초엽의 실재 인물이었다. 그는 현재까지도 팔선(八仙)의 하나로서 신선으로 간주되는데, 여동빈이 인기를 얻게 된 것은 그를 종조(宗祖) 가운데 하나로 섬겼던 전진교(全眞敎) 교단이 큰 세력을 얻었기 때문이다. 구보 노리다다, 위의 책, 252쪽.
308) 마노 다카야, 앞의 책, 148쪽~150쪽.
309) 대만의 자혜당(慈惠堂)이라는 교단에서는 도교의 서왕모(西王母)를 받드는데, 부우제군(孚佑帝君)과 태백성군(太白星君), 옥황대제(玉皇大帝) 등을 모시고 있다. 1950년에 이 교단에서 분파된 승안궁(勝安宮)에서도 천공, 지모, 태백금선, 여동빈 등을 모신다. 유병덕, 김홍철, 양은용, 앞의 책, 241쪽. 부우제군과 여동빈은 같은 신격이다. 그런데 관성제군에 대한 신앙은 보이지

교단도310) 있다.

그러나 선음즐교에 대한 자료나 기록은 더 이상 전하지 않는다. 따라서 선음즐교는 당대에 잠깐 조직되었다가 곧 사라진 것으로 보인다. 선음즐교는 한국종교사상 처음으로 관제신앙을 조직화한 교단으로 볼 수 있다. 물론 불교의 관음신앙과 융합된 형태이기는 했지만, 중국으로부터 관제신앙에 대한 많은 문헌을 들여오고 이를 수행에 이용했다. 특히 선음즐교는 관제신앙과 함께 문창제군과 부우제군이라는 중국 도교의 대표적 신격에 대한 신앙도 병행했다는 점에서 도교의 영향이 확인된다.

2. 증산교

먼저 증산교의311) 대표적인 경전인 『대순전경(大巡典經)』에312) 나타나는 관우 관련기록들을 살펴보자.

정미(丁未)년 사월에 신원일(辛元一)을 데리시고 태인(泰仁) 관왕묘(關王

않는다.

310) 유종신교(儒宗神敎) 즉 난당(鸞堂)이라는 교단에서는 은주공(恩主公) 숭배를 하는데, 관공(關公), 여순양(呂純陽), 악비(岳飛, 1103~1141) 등을 은주공으로 섬긴다. 이 교단에서는 『태상감응편』과 『음즐문』을 경전으로 사용한다. 유병덕, 김홍철, 양은용, 『한중일 삼국 신종교 실태의 비교연구』(원광대학교 종교문제연구소, 1992), 243쪽.

311) 여기서 증산교라는 용어는 지난 100년 동안 증산(甑山) 강일순(姜一淳, 1871~1909)을 주된 신앙대상으로 삼는 모든 교단을 총칭한다. 증산교단 최초의 교단인 태을교가 1911년 9월에 창립된 이래 지금까지 약 120여 개 교파가 분립하였다. 현재도 중요한 교파가 20여 개 있다.

312) 증산교단의 경전과 내용 변화에 대해서는 김탁, 「증산교의 교리체계화과정」, 『증산교학』(미래향문화, 1992)을 참조하시오. 증산교단 최초의 경전은 『증산천사공사기』(1926)이며, 종교적 경전의 체계로 갖춘 『대순전경』 초판이 발간된 것은 1929년이다. 이 글에서는 편찬자 이상호(李祥昊)가 마지막으로 정리한 『대순전경』 6판(1965)을 기준으로 삼았다.

廟) 제원(祭員) 신경원(辛京元)의313) 집에 가서 머무르실 새, 경원에게 일러

가라사대 관운장(關雲長)이 조선에 와서 극진한 공대(恭待)를 받았으니 보답으

로 당연히 공사(公事)에 진력(盡力) 협조함이 가하리라 하시고 양지에 글을

써서 불사르시니, 경원은 처음보는 일이므로 이상히 생각하더니, 다음날 경원이

다른 제원들로 더불어 관왕묘에 들어가 봉심(奉審)할 때 삼각수(三角鬚)의 한

갈래가 떨어져 없어진지라 모든 제원들은 이상하게 생각하되, 오직 경원은 천사

께서 전날 하신 일을 회상(回想)하고, 관운장이 공사에 진력 협조하였음을 표시

하기 위하여 소상(塑像)에 그 표적(表跡)을 나타낸 것이라고 생각하니라. 이

뒤로 신경원, 김경학, 최창조, 최내경, 최덕겸 등이 따르니, 모두 태인 사람이더

라.(3장 15절)

정읍군 태인면 관왕묘의 전경

위의 인용문을 통해 1907년경에 태인에 관왕묘가 있었고, 관제가 소상으로 봉안되었으며, 정기적으로 의례가 행해졌었음이 확인된다. 이 관왕묘는 정읍군 태인면 태흥리에 있었는데, 창건연대는 불확실하며, 1988년 이후

313) 『증산천사공사기』(1926) 67쪽에는 "관주묘(關主廟) 제원 신경언(辛敬彥)"으로 적혀 있다.
족보명은 규석(奎錫), 자가 경언이고, 경원은 도명이라고 한다. 1863년에 태어나 1924년에 세상
을 떠났다. 『도전(道典)』(대원출판사, 1992), 1078쪽~1079쪽.

정읍군 태인면 관왕묘의 관제소상

크게 파손되어 현재는 빈 건물만 남았다. 관제는 소상으로 모셨는데 크기가 사람 키보다 작은 입상이었고, 오른쪽에는 칼을 든 장수와 왼쪽에는 활을 든 선비 모습의 두 소상이 있었다.

또 증산은 관우가 우리 나라 사람들의 숭배를 많이 받아왔다는 사실을 "관운장이 조선에 와서 극진한 공대를 받았다."라고 말하여, 그렇기 때문에 관우가 자신이 행하는 종교적 행위인 천지공사(天地公事)에 협력해야 한다고 설명했다. 결국 인용문의 전체적 의미는 관제신앙을 하던 사람이 증산을 따랐다는 내용이다.

하루는 전주(全州) 김준찬의 집에 계실 새 김낙범에게 물어 가라사대, 관왕묘
(關王廟)에 치성(致誠)이 있느냐, 대하여 가로대 있나이다. 가라사대 그 신명
(神明)이 이 지방에 있지 아니하고 서양에 가서 큰 난리를 일으키나니, 치성은
헛된 일이니라.(3장 135절)[314]

증산은 전주의 관왕묘에 대해서도 잘 알고 있었고, 관운장의 신명이
서양으로 떠났기 때문에 관왕묘에서 치성드리는 일이 의미가 없다고 말했
다. 여기서 관운장의 신명을 부리는 존재가 바로 증산이며, "관운장의 신명
이 서양에 가서 큰 난리를 일으킨다."는 증산의 주장은 세계대전의 발발로
해석된다. 결국 군신(軍神)으로서의 관제의 성격이 전쟁의 도화선으로 작
용한다고 믿어졌다.

나아가 증산은 "이 지방을 지키는 모든 신명(神明)을 서양으로 건너 보
내어 큰 난리를 일으키리니, 이 뒤로는 외인(外人)들이 주인없는 빈집 드
나들 듯하리라. 그러나 그 신명들이 일을 다 마치고 돌아오면, 제 집 일은
제가 다시 주장(主張)하리라."(4장 4절)라고 말하여, 관우의 신명 이외에
도 우리 나라를 지키고 있던 지방신들을 서양으로 건너 보내는 종교적
행위를 했다고 믿어진다. 이러한 입장에서 관운장의 신명도 세계대전이
마무리되면 다시 조선으로 돌아와 우리 나라를 도와줄 것이라는 믿음이
형성된다.

이 외에도 증산은 관운장을 매우 높이 평가했고,[315] 또 "이렇게 허약한

---

314) 『증산천사공사기』 134쪽에는 1909년 3월의 일로 기록되어 있고, 관묘(關廟)라고 불렀다.
전주시 동서학동 611번지에 소재하며 지금은 관성묘라고 부른다. 2003년 12월 현재 경칩, 석탄
일, 상강, 관평장군 생신(5월 13일), 관운장 생신(6월 24일), 관운장 운명일(10월 19일), 관운장
출전일(12월 6일) 등에 제를 지낸다. 주로 무속업에 종사하는 사람들이 많이 찾는다고 한다.
315) 매양 옛사람을 평론(評論)하실 때, 강태공(姜太公), 석가모니(釋迦牟尼), 관운장(關雲長), 이
마두(利瑪竇)를 칭찬하시니라.(3장 49절)

무리들이 일을 재촉하느냐? 육정육갑(六丁六甲)을 쓸어들일 때에는 살아날 자가 적으리로다.”(4장 15절) 라고 말하여, 새 세상이 지상에 건설되기 이전의 개벽시대를 맞아 관운장의 명령을 따르는 신격들이 세상을 휩쓸고 다닐 것이라고 예언했다.

한편 증산이 1909년 1월에 지은 『현무경(玄武經)』에 “대인대의(大仁大義) 무병(無病) 삼계복마대제신위원진천존관성제군(三界伏魔大帝神位遠鎭天尊關聖帝君)”(4장 129절)이라는 구절이 있다. 앞에서 살펴본 바와 같이 이는 명나라 신종이 만력 42년(1614)에 관우에게 내린 시호(諡號)다. 또 증산은 선후천교대기에 엄청난 병겁(病劫)이 발생해 대부분의 사람들이 죽을 것이라고 예언했다.316) 바로 이때 살아날 방법을 기록해놓았다고 믿어지는 『현무경』에 증산이 관우의 시호를 정확하게 적었고, 특히 바로 앞에 “대인대의”라는 구절을 넣었다는 사실은, 그가 관우를 높이 평가했던 이유를 밝힌 것이다.

> 하루는 태인(泰仁) 새울에서 백암리로 가실 때에 공우(公又)가 모셨더니, 문득 관운장(關雲長)의 얼굴로 변하사 돌아보시며 물어 가라사대, 내 얼굴이 관운장의 얼굴과 같으냐 하시니, 공우는 어떻게 대답하는 것이 좋을지 몰라서 알지 못한다고 대답하니, 그와 같이 세 번을 물으시므로 이에 대답하여 가로대 관운장과 흡사(恰似)하나이다 하니, 그 뒤로는 본 얼굴로 회복하시고 경학의 집에 이르러 공사를 행하시니라.(4장 90절)

위의 인용문은 증산이 관운장의 얼굴 모습으로 변신했다는 내용이다. 왜 그렇게 변했는지에 대해서는 설명이 없어서 알 수 없지만, 관우에 대해

---

316) 『대순전경』 5장 33절, 34절, 35절.

상당한 호감을 가지고 있었던 증산이 제자들에게 관우의 충의를 기리고
삶의 교훈으로 삼으라는 가르침을 은연중에 내린 것으로 짐작된다.

정미년 겨울에 고부 와룡리에 계실 때 종도들에게 오주(五呪)를 가르쳐 주시
며 가라사대, 이 글은 천지(天地)의 진액(津液)이니라 하시니 이러하니라.

시천지가가장세(時天地家家長世) 일월일월(日月日月) 만사지(萬事知)
시천지조화정(侍天地造化定) 영세불망만사지(永世不忘萬事知)
복록성경신(福祿誠敬信) 수명성경신(壽命誠敬信) 지기금지원위대강(至氣
今至願爲大降)
명덕관음팔음팔양(明德觀音八陰八陽) 지기금지원위대강(至氣今至願爲大
降)
삼계해마(三界解魔) 대제신위(大帝神位) 원진천존관(願趁天尊關) 성제군
(聖帝君) (7장 4절)

증산교단의 대표적인 주문 가운데 하나인 오주(五呪)에317) 400여 년
전에 내려진 관우의 시호318)가 보인다. 그런데 인용문에서처럼 띄워 읽는
것은 잘못이다.319) 특히 어떤 교단에서는 '관'과 '성제군'을 반드시 띄워
읽어야 한다고 강조하기도 하는데,320) 관우의 시호라는 역사적 사실에

---

317) 증산은 제자들에게 "이 주문을 각기 1만명에게 전하라."라고 말하고 다짐받았을 정도로 중요시
했다.(7장 7절)
318) 명나라 신종 만력 42년(1614)에 내린 시호다.
319) "삼계해마대제이시여, 제가 천존이시며 천상의 임금님이신 상제님을 따르기를 원하옵나이다."
라고 엉뚱한 해석을 하기도 한다. 안경전, 『증산도의 진리』(대원출판사, 1984), 126쪽~127쪽.
320) 『대순전경』의 이전 판본들을 비교해서 상세하게 다룬 글이 있다. 김탁, 「증산교의 신관」,
『증산교학』(미래향문화, 1992), 64쪽~68쪽. 가장 초기 경전인 『증산천사공사기』(1926) 81면

따르면 별로 의미가 없는 주장이다.[321] 증산이 직접 지은『현무경』에 나오는 것처럼 붙여서 표현하고 읽어야 할 것이다. 이처럼 판본에 따라 혼란이 있고 일부 글자가 잘못 적힌 것은, 증산교단사의 전개과정에서 일어난 착오로 보아야 한다. 이 오주는 증산이 생전에 제자들을 수련시킨 중요한 주문이었다.[322]

기유년 봄에 종도들에게 운장주(雲長呪)를 써주시며 가라사대, 이 글이 대차력주(大借力呪)니라 하시니 이러하니라.

천하영웅관운장(天下英雄關雲長) 의막처(依幕處) 근청천지팔위제장(近聽天地八位諸將)[323] 육정육갑육병육을(六丁六甲六丙六乙)[324] 소솔제장(所率諸將) 일별병영사귀(一別屛營邪鬼) 엄엄급급(唵唵急急) 여율령사바하(如律令娑婆訶) (7장 6절)

인용문에서 육정(六丁)은 신(神)의 종류이며, 음신옥녀(陰神玉女)라고도 한다. 그리고 육갑(六甲)은 악마를 제거하는 신부(神符) 또는 신명(神名)이다. 또 육정육갑신은 12지신상(支神像)을 음과 양으로 나누어 불렀

<hr/>

에는 전체가 붙어 있는데, 복마가 해마(解魔)로, 원진이 원진(願臻)으로 적혀 있다.
321) 정수산(鄭秀山, 1897~1955)의 미륵불교에서는 아미타불인 수산이 "삼계해마대제신위 원진천존관성제군으로" 형체를 얻었다고 주장했다. 홍범초,『범증산교사』(도서출판 한누리, 1988), 593쪽.
322) "다시 수 일 동안 오주를 수련케 하신 뒤에"(4장 41절)
323) 의미로 볼 때는 근청(近聽)이 아니라 근청(謹請)이 옳은 듯하다.『도전』(대원출판사, 1992), 619쪽에도 같은 의견이 제시되었다.
324) 금강대도에서 사용하는「기문경(奇門經)」에도 "六甲六乙로 天干正法하고 六丙六丁으로 鬼魔不侵하고, 六戊六己로 邪不犯経이오, 六庚六辛으로 妖邪不起하고, 六壬六癸로"라는 구절이 있다.『금강대도 보경』, 85면.

던 방위신 또는 수호신이기도 하다.325) 나아가 육정육갑을326) 조직명으로 사용한 증산교단도 있었고,327) 주문의 일부로 사용하기도 했다.328)

이와 관련하여 『임진록』 국립도서관소장본에 김응서가 도술로 왜장을 물리칠 때 "육정육갑(六丁六甲)을 외워 신장(神將)을 불렀다."는 내용이 보인다.329) 이 밖에 『임진록』 백순재소장본에는 사명당이 "사해용왕을 불러 육정육갑을 외우고, 방석을 타고 물 위에 떠 선유하니"라는 내용이 있다.330) 이처럼 육정육갑은 적어도 『임진록』이 유포되던 시기부터 익숙한 신격이다. 또 운장주에 등장하는 육정육갑만 따로 나오는 경전기록도 있다.

하루는 공사를 보실 새 글을 쓰시니 이러하니라.

오주(五呪)

천문지리(天文地理) 풍운조화(風雲造化) 팔문둔갑(八門遁甲) 육정육갑

(六丁六甲) 지혜용력(智慧勇力)331)

도통천지보은(道通天地報恩) (4장 138절)

---

325) 김탁, 앞의 책, 69쪽~71쪽. 동도법종금강도(東道法宗金剛道)의 신명단(神明壇)에는 "天地道通神六甲六乙神六丙六丁神六戊六己神六庚六辛神六壬六癸神"이라는 위패가 모셔져 있다. 홍범초, 앞의 책, 495쪽.

326) 간지의 6정과 6갑으로 구성되며, 천둥과 바람을 부리고 귀신을 제압한다. 진무대제의 수하대장이며, 육정은 육정옥녀로 음신이고 육갑은 육갑장군으로 양신이다.

327) 홍범초, 앞의 책, 567쪽. 보화교에서 창교자 청강의 3남 3녀를 각 지방의 책임자로 삼고, 그 아래에 육정육갑을 두었다.

328) 미륵불교에서 삼대장신력축지(三大將神力縮地) 주문에 "육정육갑 사령신(司令神)"이라는 표현을 사용했고, 득력주문(得力呪文)에도 "천지팔문(天地八門) 육갑신장(六甲神將) 내조아(來助我)"라고 했다. 홍범초, 앞의 책, 611쪽, 613쪽.

329) 김기동 편역, 『임진록』(서문당, 1977), 187쪽.

330) 김기동, 위의 책, 226쪽.

331) 『대순전경』 7장 22절에 보이는 것과 같이 증산이 이 구절을 태을주와 함께 써서 공사를 보기도 했으며, 주문처럼 외우는 교단도 있다.

한편 중국에서 전해지는 관제에 대한 관련서적을 거의 모두 집대성한 『관제문헌회편(關帝文獻匯編)』은 평균 880면(面) 총 10권으로 이루어진 방대한 분량의 책이다.[332] 이 책의 관제 관련 문헌 가운데 증산교에서 사용하는 운장주(雲長呪)와 비슷한 내용을 찾을 수 없었고, 심지어 이 책에 수록된 상당한 분량의 한시에서도 비슷한 구절조차 찾지 못했다. 결국 더 많은 자료를 섭렵하기 전에는 일단 "증산이 1909년 2월에 운장주를 직접 지었다."는 『증산천사공사기』의 기록이[333] 정확하다고 인정해야 하겠다. 따라서 증산은 한국 관제신앙의 백미(白眉)인 운장주를 만든 인물로 기억되어야 할 것이다.

선도교(仙道敎)와 문공신(文公信) 교단의 관성주(關聖呪), 증산교와 모악교(母岳敎)의[334] 관운장주, 박공우 교단, 태극도(太極道), 동도법종금강도(東道法宗金剛道), 보화교(普化敎),[335] 증산법종교(甑山法宗敎), 증산교본부, 오동정 교단, 무을교(戊乙敎), 청도대향원(淸道大享院), 대순진리회(大巡眞理會), 증산진법회(甑山眞法會)의[336] 운장주(雲長呪)도[337] 위의 인용문과 같은 주문인데, 이름만 다르게 부른다. 이 밖에도 교단명이 거론되지 않은 증산교단의 대부분의 교파에서도 관제를 숭배하고 의례나 수련 때 예외없이 운장주를 외운다.

---

332) 『관제문헌회편(關帝文獻匯編)』(國際文化出版公司, 1995)
333) 『증산천사공사기』, 124면.
334) 관운장주를 대차력주(大借力呪)라고 부르기도 한다. 홍범초, 앞의 책, 722쪽.
335) 보화교에서는 운장주를 "벽사(辟邪)되는 용력주(勇力呪)"로 규정한다. 홍범초, 앞의 책, 571쪽.
336) 운장주는 "모든 사(邪)와 마(魔)를 쫓고, 진여(眞如)의 경지에 들어가는 주문이다."라고 설명했다.
337) 홍범초, 앞의 책, 55쪽, 225쪽, 270쪽, 342쪽, 499쪽, 551쪽, 564쪽, 691쪽, 729쪽, 749쪽, 786쪽, 802쪽, 846쪽.

그런데 일부 교단에서는 운장주에서 "관운장" 대신 "관성제군", "일별병 영사귀" 대신 "일반병영사귀(一般兵營邪鬼)"라고 기록하기도 한다.[338]

> 하루는 종도들에게 일러 가라사대 태을주(太乙呪)와 운장주(雲長呪)를 내가 시험하였나니 너희들은 많이 읽으라. 일찍이 김병욱의 화는 태을주로 풀었고, 장효순의 난은 운장주로 끌렀노라. 태을주는 역률(逆律)을 범하였을지라도 옥 문(獄門)이 스스로 열리고, 운장주는 살인죄에 걸렸을지라도 옥문이 스스로 열 리느니라 하시니라. (7장 12절)

인용문에서 증산은 제자들에게 운장주를 많이 읽으라고 특별히 강조했고, 살인죄를 범했을지라도 운장주만 열심히 읽으면 풀려날 정도로 위력이 있는 주문이라고 가르쳤다. 이러한 맥락에서 증산은 제자들에게 운장주를 한꺼번에 7백번씩 외우게 했다.[339]

이 밖에도 증산은 자신이 귀신의 발동을 막아주는 존재라고 말하면서 복마(伏魔)라는 용어를 사용했는데, 관우의 시호가 연상된다.[340]

또 증산은 중국 삼국시대의 수많은 영웅호걸들이 맺은 원한이 풀리는 시기가 도래했다고 주장했는데,[341] 주로 『삼국지연의』에 나오는 내용을 중심으로 이해하고 있다.

한편 『대순전경』에는 『삼국지연의』에 나오는 제갈량(諸葛亮), 사마소

338) 이강오, 『한국신흥종교총감』(대흥기획, 1992), 224쪽. 병영(兵營)을 병관(兵管)으로 적었으나 명백한 오기(誤記)로 판단되므로 고쳤다.
339) "운장주를 쓰사 종도(從徒)들로 하여금 칠백번씩 외우게 하시며"(4장 151절)
340) 나는 해마(解魔)로 위주(爲主)하는 고로, 나를 따르는 자는 모든 복마(伏魔)가 발동(發動)하나니. 복마의 발동을 잘 받아 이겨야 복이 이어서 이르느니라.(6장 37절)
341) 술수(術數)는 삼국시대(三國時代)에 나서 해원(解寃)하지 못하고, 이제야 비로소 해원하게 되느니라.(6장 83절)

전주 관왕묘의 관제상

(司馬昭), 진평(陳平), 마속(馬謖)에 대한 언급이 보이고,342) 도교에서
부우제군으로 믿어지는 여동빈(呂洞賓)에 대한 전설적인 이야기도 한편
전한다.343)

---

342) 『대순전경』 2장 14절, 4장 134절, 4장 147절, 5장 33절, 6장 71절, 6장 108절, 6장 114절,
    9장 25절이 관련구절이다. 4장 121절에는 육손(陸孫)의 말이 이름을 밝히지 않고 언급된다.
343) 또 가라사대 나의 일은 여동빈(呂洞賓)의 일과 같으니, 동빈이 인간(人間)에서 인연있는 자를
    가려서 장생술(長生術)을 전하려고 빗장사로 변장하여 거리에서 외쳐 가로대, 이 빗으로 빗으면
    흰 머리가 검어지고 굽은 허리가 펴지고 쇠한 기력이 강장(强壯)하여지고 늙은 얼굴이 젊어지나
    니 이 빗 값이 천냥이로다 하거늘, 듣는 사람들이 모두 허탄(虛誕)하게 생각하여 믿지 아니하니,
    동빈이 한 노파에게 시험함에 과연 말한 바와 같은지라. 모든 사람이 그제야 다투어 모여드니

이제 증산교단사에 다양하게 나타난 관제신앙의 실제적 양상을 살펴
보자.

1937년 정축년(丁丑年) 11월 증산의 딸인 강순임(姜舜任, 1904~ 1959)
의 꿈에 증산이 나타나 "남고산성(南固山城) 관운묘(關雲廟)에 가서 치성을
드려라."고 했다. 이에 강순임이 그 말을 따랐더니, 다시 그녀의 꿈에 관운장
이 나타나 "모든 일에 겁을 내지 말고 수행하라. 나는 중국사람으로서 조선을
도우려하니, 집에 돌아가서 지성으로 기도하라."라고 말했다.[344]

1944년에는 강순임이 기도할 때 관운장의 영신(靈身)이 나타나 "나는
중국사람이나 이 나라를 세 번 도와줄 운장인데, 강부인은 나를 이기려고

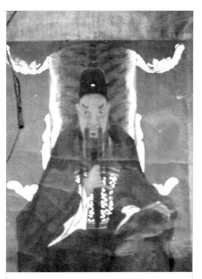

채용신이 그린 전주 관왕묘의 관제초상

하지 마오."라고 말했다. 이에 강순임이
"이 자식아, 낯짝은 대추 빛 같은 자식이
무슨 잔소리야! 일본사람들이 네 나라
로 쳐들어가니, 너의 집이나 가서 돌보
아라."라고 말하니, 운장이 웃으면서 "작
은 체구로도 천사(天師)님의 딸이라 다
르다."라고 평했다고 전한다.[345]

계사년(癸巳年, 1953) 5월 7일 아침 불전
에 예식을 드리니, 성부(聖父)님께서 강림하
시와 "오늘 저녁 안으로 세월가(歲月歌)를 지

동빈이 드디어 승천하였느니라.(3장 152절)

344) 증산법종교,『화은당실기(華恩堂實記)』(대흥기획, 1960), 41쪽.

345) 증산법종교, 위의 책, 81쪽.

증산법종교의 관제초상

어, 진지 상에 올릴 때 부르고 불사르도록 하라. 운장(雲長)이 와서 천상에 접수
하게 되리라."하시니라. ··· 운장께서 "소축(燒祝)하라. 천상(天上) 옥경(玉京)
으로 떠난다."하시며 승천하시더라. 10일 아침에 진지 상을 올리니, 운장상제,
천존신장, 선관선녀가 모두 하강하여 ··· 346)

인용문에서 관운장은 증산의 명을 따르는 신으로 등장한다. 관운장에게
상제라는 명칭이 붙은 것으로 볼 때, 매우 높은 신격으로 믿어졌음이 확인
된다.

또한 증산법종교(甑山法宗敎)는 1957년 7월에 대령전(大靈殿)을 건립
하여 신앙대상인 증산상제를 보좌하여 신계(神界)의 율령(律令)을 집행하
는 제(帝), 군(君), 왕(王), 신장(神將)을 숭경대상(崇敬對象)으로 모셨다.
이 곳에는 옥황상제, 태상상제, 관성제군, 명부대왕, 오악산왕, 사해용왕,
12신장, 칠성선녀를 화상(畵像)으로 모셨다. 관성제군은 배위가 없이 한
분만 모셨는데, 오른손에 칼을 쥐고 앉은 모습이다.347)

안내성(安乃成, 1867~1949)의 선도(仙道)에서 치성을 드릴 때, 건물
안에는 천황, 지황, 인황과 4선령(先靈)인 직선조(直先祖), 외선조(外先
祖), 처선조(妻先祖), 처외선조(妻外先祖)를 모신 대선생상(大先生床)이
있다. 이 밖에도 4신명상(神明床)이 있는데, 4신명은 최고운(崔孤雲), 최
수운(崔水雲), 관운장, 사명당(四溟堂)이다.348) 또 이 교단에서는 건물
밖에는 사해용왕, 오방신장, 오악산왕을 모셨다.

선도의 창교주 안내성에게 있어 증산은 입도(入道) 전에는 하느님이며

---

346) 증산법종교, 위의 책, 235쪽~238쪽.
347) 홍범초, 앞의 책, 681쪽~682쪽.
348) 홍범초, 『범증산교사』(도서출판 한누리, 1988), 203쪽.

천선생(天先生)이고, 입도 후에는 천지인(天地人) 세 상의 치성을 함께
받으시는 천황(天皇), 지황(地皇), 인황(人皇)이다.[349]

　즉 대선생인 증산을 모신 상이 대선생상이며, 증산이 "4선령들이 자손
의 생사를 좌우한다."고 말했던 일에 근거하여, 이들을 신단(神壇)에 함께
모셔서 치성을 올린다고 한다. 어쨌든 선도에서 관제는 증산을 보필하는
중요한 4대 신명의 하나로 숭배된다.

　박공우(朴公又, ?~1940)가 세운 교단에서는 치성을 드릴 때 중앙에
옥황상제인 증산을 모시고, 왼편에 진묵(震默)대사, 오른편에 관운장(關
雲長)을 위패로 모시고 의식을 거행했다.[350] 이 교단에서는 증산 바로
아래의 신격으로 진묵과 관제를 신앙했던
것이다.

　정읍군 계동 출신인 문공신(1879~
1954)은 동학운동이 실패한 후 새 길을 찾
기 위해 관운장께 기원하는 주문을 21일 동
안 읽은 일이 있었다.[351] 이 기도주문의 내
용은 알려지지 않았지만, 이후 그는 증산을
만날 수 있었다. 그 후 문공신은 1938년경
정읍군 대사리에서 새롭게 교파를 세웠는
데, 이 교단에서도 관성주(關聖呪)를 외웠
다.[352]

모악교의 관제상

---

349) 홍범초, 위의 책, 201쪽~202쪽. 이 교단의 신도들은 증산을 대선생(大先生)이라고 부르기도
　　한다.
350) 홍범초, 위의 책, 225쪽.
351) 홍범초, 위의 책, 267쪽.
352) 『한국신종교 실태조사보고서』(한국종교학회, 1985), 938쪽~941쪽.

허욱(許昱, 1887~1939)이 김제시 봉남면에 세운 삼덕교(三德敎)에서
는 증산의 위패 왼쪽에 나무로 만든 청룡언월도(靑龍偃月刀)를 세워 놓기
도 했다.353) 삼덕교의 신앙대상은 옥황상제인 증산을 비롯하여 우리 나라
민간신앙에서 받들어지는 산왕, 해왕, 선령신, 국조신, 진묵대사, 관성제
군 등 다양한 신들을 숭배한다.354) 또한 삼덕교의 3대 대표 서상준(徐相
俊)은 1984년 1월 본부가 있는 평사리 등룡동에 4천 여 평의 토지를 매입
하여, 삼덕교의 교의적 이상을 15개의 비각, 석탑, 석물 등에 표현하여
공원을 만들었다. 이 가운데 대제강령대(大帝降靈坮)의 앞면에 "삼계해마
(三界解魔) 관성대제(關聖大帝) 강령대(降靈坮)라고 썼다.355)

여처자(余處子, 1887~1953)가 1937년에 창립한 모악교(母岳敎)는
인정도덕원(仁正道德院)이라고도 한다. 1960년 이른바 '국산종교 통합운
동'이 전개될 때 증산, 여처자, 단군, 수운을 함께 모셨는데, 현재 단군과
수운의 위패는 철거되었고, 증산의 영정, 여처자의 위패, 관운장상이 모셔
져 있다.356)

청음(靑陰) 이상호(李祥昊, 1888~ 1966)가 1928년에 김제시 금산면
금산리 용화동에서 창립한 증산교(甑山敎)에서는357) 무극전(无極殿)에
관제를 위패로 모신다. 이곳에는 수운 최제우, 관성제군, 진묵대사, 이마
두(利瑪竇) 신부, 주자, 김일부, 전봉준 등의 신위도 함께 모셨다. 일곱
분 가운데 수운과 관성제군은 성령지위(聖靈之位)로 표현하며, 나머지 5

353) 홍범초, 앞의 책, 285쪽.
354) 김홍철, 유병덕, 양은용,『한국신종교실태조사보고서』(원광대학교 종교문제연구소, 1997),
    184쪽.
355) 홍범초, 앞의 책, 322쪽~328쪽.
356) 김홍철, 유병덕, 양은용, 앞의 책, 213쪽.
357) 처음의 교단명은 동화교(東華敎)였고, 1945년에는 대법사(大法社)로 바꾸었고, 현재는 증산
    교본부라고도 부른다.

증산교본부의 위패

인정도덕원의 관제초상

분은 존령지위(尊靈之位)로 적었다. 따라서 증산교에서 관성제군은 굳이 서열로 따진다면 증산, 수운 다음으로 높은 신격으로 믿어진다.

채경대(蔡慶大, 1890~1940)가 세운 인도교(人道敎)에서는 처음 입도하여 치성드리고 수련하는 초공(初工)을 마친 도인 가운데 간부로 기를 사람을 선발하여 수련시키는 중공(中工)공부가 있다. 이 중공공부는 증산신성(甑山神聖), 관성제군, 지신(地神), 조왕(竈王)의 4위

(位)께 치성을 올리고, 호신주(護身呪)를 6일 동안 밤낮으로 읽는 것이다. 인도교에서는 관성제군의 위패에 삼계복마대제신위원진천존관성제군이라고 적었는데,358) 증산 다음으로 위격이 높은 신이359) 관성제군이라고 믿었던 것으로 보인다.

정산(鼎山) 조철제(趙哲濟, 1895~1958)가 세운 태극도(太極道)의 신앙대상을 모신 영대(靈臺)에는 구천상제, 옥황상제, 서가모니불의 주 신앙대상 이외에도 많은 신격을 위패로 모시고 있다. 명부십왕, 오악산왕, 사해용왕, 사시토왕, 칠성사자, 명부사자, 관성제군, 칠성대제, 직선조, 외선조 등이다.360)

1917년 윤 2월에 조철제는 독립군의 자금모집책인 김혁(金赫)으로부터 증산에 대한 이야기를 듣고 입도식을 거행했다. 이때 김혁이 조철제에게 태을주, 기도주, 운장주, 칠성주, 오주 등을 전했다.361) 또 조철제는 입도하기 전인 1912년 5월에 태산의 공자묘, 하남의 노자묘, 산서 운성(運城)의 관성묘(關聖廟) 등을 구경하며 수도했고, 1917년 4월 고국으로 돌아오기 전에도 중국 심양 노고산(老姑山)에 있는 관왕묘에 참예했다.362)

그 후 조철제는 1955년 3월 초에 석가여래상(釋迦如來像)과 관성제군상(關聖帝君像)을 중국인으로부터 구해 영대(靈臺)에 봉안했다.363) 이해 4월 28일은 태극도에서 봉천명일(奉天命日)로 기념하는 날이다. 이

---

358) 홍범초, 앞의 책, 449쪽.
359) 그런데 중공축(中工祝)에 "증산신성(甑山神聖), 마두진성(瑪竇眞聖)"이라는 표현이 있는 것으로 볼 때, 증산 다음의 위격이 마테오 릿치(1552~1610) 신부라고 믿는 것으로 판단된다.
360) 김홍철, 유병덕, 양은용, 위의 책, 175쪽.
361) 태극도편찬위원회, 『진경전서(眞經全書)』(1987), 247쪽~250쪽.
362) 태극도편찬위원회, 위의 책, 247쪽~251쪽.
363) 태극도편찬위원회, 위의 책, 373쪽.

날 조철제는 도장 준공과 영대 봉안치성(奉安致誠)을 올렸는데, 구천상제 (九天上帝)에게364) 법사배(法四拜), 옥황상제(玉皇上帝)에게 평사배(平 四拜), 석가여래상에 평삼배(平三拜), 관성제군상에 평재배(平再拜), 칠 성대제(七星大帝)에게 평재배했다.365) 현재 관성제군은 태극도의 영대 에 화상(畵像)으로 모셔져 있다.366) 이처럼 태극도에서 관성제군은 매우 중요한 신격 가운데 하나로 모셔진다. 굳이 서열로 따진다면 4위에 해당하 는 매우 높은 위격이다.

청강(淸江) 김환옥(金煥玉, 1896~1954)이 1930년에 세운 보화교(普 化敎)는 1953년 자신의 삼남(三男)을 각 도장의 교화책임자로 맡기는 것 을 골자로 한 삼인일도법(三人一度法)이라는 연원제를 실시했다. 이 연원 제 아래에 육정육갑(六丁六甲)을 두도록 했다.367)

그리고 보화교에서 1965년 2월에 발간한 『대경전(大經典)』 제5편 「신 인경(新人經)」의 신위봉안(神位奉安) 조항을 보면, 중앙본부의 동쪽에 단 군대성조(檀君大聖祖), 남쪽에 증산대성사(甑山大聖師), 북쪽에 수운대도 주(水雲大道主), 서쪽에 관성제군을 배향했다.368) 이처럼 보화교에서는 관성제군은 상제인 증산을 시위하면서 그의 명령을 집행하는 중요한 신으 로 믿었다.369)

수산(秀山) 정인표(鄭寅杓, 1897~1955)가 세운 미륵불교의 대장전

---

364) 증산(甑山) 강일순(姜一淳)을 가리킨다.
365) 태극도편찬위원회, 위의 책, 374쪽.
366) 『춘추』나 칼을 들고 있지 않은 모습이며, 시립해 있는 장수가 없이 한 분만 그려져 있다. 태극도에서 분파된 대순진리회의 영대에도 비슷한 형태로 모셔져 있다.
367) 김홍철, 유병덕, 양은용. 앞의 책, 188쪽.
368) 홍범초, 앞의 책, 563쪽에서 재인용.
369) 이강오, 『한국신흥종교총감』(대홍기획, 1992), 984쪽. 훗날 관성제군 대신 창교자인 청강을 모셨다.

(大藏殿)에는 5위의 성상(聖像)이 있는데, 앞가슴에 글씨로 신위(神位)를 밝혀 놓았다. 주벽(主壁)은 구천미륵불(九天彌勒佛)인 증산, 좌보처(左補處)는 석가여래불, 우보처(右補處)는 대성지성문성왕(大成至成文宣王)인 공자(孔子), 좌시위(左侍位)는 용화불토왕대신(龍華佛土王大神)으로 추존한 진표율사(眞表律師), 우시위(右侍位)는 삼계도솔신장(三界兜率神將)으로 추존한 관운장이다.[370]

또 미륵불교에서는 "삼계도솔신장 남무아미천지(南無阿彌天地) 인생복마(人生伏魔) 수복장생(壽福長生) 인도소원(人道所願) 지기금지(至氣今至) 원위대강(願爲大降)"이라는 주문을 사용했고,[371] "삼계도솔(三界兜率) 개벽신장(開闢神將) 상하도솔(上下兜率) 만방제위신장(萬方諸位神將) 육정육갑(六丁六甲) 팔문신장(八門神將) 음양정기(陰陽正氣) 만법귀일신장(萬法歸一神將) 상제강령(上帝降令) 속발위신(速發位神) 생사길방(生死吉方) 동서남북(東西南北) 중앙신앙(中央神將) 만법집중(萬法執中) 속속여율령섭(速速如律令攝)"이라는 관제와 관련이 깊은 것으로 보이는 개벽신명(開闢神明)이라는 주문도 사용했다.[372]

보천교 신자였던 홍원(洪原) 김계주(金桂朱, 1896~1950)가 증산의 계시를 받고 1942년 9월에 전남 광산군 서창면(西倉面) 풍암리(楓岩里)에 무교(戊教)를 세웠다.[373] 이 교단에서는 3개의 석고로 만든 탑을 신앙

370) 홍범초, 앞의 책, 594쪽~596쪽. 수덕전(水德殿)에는 주벽은 구천상제, 우보처는 창교자 수산을 가리키는 아미타불, 우시위는 대성북두칠원성군(大星北斗七元聖君), 좌시위는 삼계도솔 신장인 관운장이 모셔져 있다.
371) 특히 여자들이 입도(入道)할 때 이 주문을 읽는다. 홍범초, 앞의 책, 607쪽.
372) 홍범초, 앞의 책, 610쪽. 또 보력주문(保力呪文)에서는 "천상천하(天上天下) 도솔신장(兜率神將)이라는 표현도 사용했다. 홍범초, 앞의 책, 613쪽.
373) 1946년 무을교(戊乙教)로 개명하여 본격적인 포교활동을 전개했으나, 1950년 한국전쟁 때 교주가 공산당에 의해 종교를 유포한다는 명목으로 학살당했다. 주간종교사, 『한국종교총감』(성화사, 1973), 433쪽.

원평 증산대도일화장의 관제 초상

대상으로 삼았다. 이강오는 1967년 조사 때 이 교단의 명부전(冥府殿)에
는 관운장, 진묵대사, 단군성조, 신농씨의 신위를 봉안했고, 위령실(位靈

室)에는 강태공, 최수운, 김일부, 전명숙의 신위를 봉안했다고 보고했
다.374) 원래 대법사 신자였던 진암(眞菴) 김홍현(金洪玄, 1907~1989)
이 무을교를 계승하여 교단명을 대한불교미륵종이라고 고치고 1968년에
는 전북 고창군 성송면 하고리에 교당을 건립했는데,375) 신단에 "도솔행
마관운장지위(兜率行馬關雲長之位)"라는 위패를 모셨다.376)

정혜천(鄭惠天, 1911~현재)이 전북 김제군 금산면 쌍룡리에 설립한
금산사 미륵숭봉회는 증산을 주불(主佛)인 미륵불로 모셨고, 관운장과 진
묵대사를 함께 모신다.377) 이 교단에서도 운장주를 외우는데, 수부(首婦)
고판례(高判禮, 1880~1935)의 계시에 의해 증산대도일화장(甑山大道一
和場)으로 교명을 바꾸었다.378)

운산(雲山) 안세찬(安世燦, 1922~현재)이 대법사(大法社)에서 분파하
여379) 1978년에 세운 증산도(甑山道)에서는 "상제님은 역사상 대인대의
(大仁大義)로 높이 추앙을 받아온 관운장을 '만고원신(萬古寃神) 그룹의
주벽신(主壁神)'으로 세우시고, 우주(3계)에 떠도는 마귀의 권세를 꺾어
버리는 신권(神權)을 부여하셨습니다. 〈三界伏魔大帝〉 그리하여 우리 성
도(聖徒)들이 '이 글이 대 차력주느니라.'(교법7:6)고 말씀해 주신 운장주를
정성을 들여 한마음〈一心〉으로 읽으면, 운장주에 쓰여 있는380) 사귀(마

---

374) 이강오, 『한국신흥종교총감』(대흥기획, 1992), 984쪽. 운령실(雲靈室)이라 기록했지만, 오
    기이다.
375) 미륵불인 증산, 여처자, 홍원 김계주 세 분을 신앙대상으로 삼고 위패로 모셨다. 1959년부터
    김홍현이 교주로 교단일을 맡아보았고, 1964년 10월 24일에 무을교를 대한불교 미륵종(彌勒宗)
    으로 개명하여 문교부에 종교단체로 등록했다. 주간종교사, 위의 책, 433쪽.
376) 증산의 부인 세 사람의 신위, 김일부, 최수운, 전명숙, 단군, 신농씨, 강태공, 진묵대사 등의
    신위도 함께 모셨다. 홍범초, 앞의 책, 755쪽.
377) 『한국신종교 실태조사보고서』(한국종교학회, 1985), 749쪽.
378) 김홍철, 유병덕, 양은용, 앞의 책, 181쪽.
379) 홍범초, 앞의 책, 861쪽~868쪽.

상생대도의 관제상

귀)가 소리치고 도망가며 천지 8방위에 배열되어 있는 천군의 신장들이 엄호해 주어 큰 은혜를 입을 수 있습니다."라고 주장했다.

증산교에서는 관제가 매우 높은 신격으로 믿어지고 있다. 그러나 관제는 주된 신앙대상인 증산 보다는 하위에 있으며 증산을 보호하는 신격으로 숭배된다는 특징이 있다.

그리고 증산교인들은 수련공부를 할 때 반드시 운장주를 외우는데, 그 이유는 관제의 위력으로 삿된 신을 물리치고 자신을 보호하기 위해서이다.

따라서 증산교는 한국종교 가운데 현재까지도 관제신앙이 구체적이고 다양하게 나타나는 거의 유일한 교단이며, 특히 지금도 운장주를 외우는 증산교인들이 많이 있다는 점에서 한국 관제신앙의 독특한 생명력이 확인되는 교단이다.

---

380) 이 부분에 "대로"라는 말이 빠진 듯하다. 안경전, 「만고 원신의 주벽신 관운장」, 『증산도의 진리』(대원출판사, 1984), 259쪽~260쪽. 나아가 안경전은 만고역신(萬古逆神)의 주벽신이 전 명숙 즉 전봉준이라고 주장한다. 이러한 견해는 이정립(李正立)의 『대순철학』(증산교교화부, 1947), 140쪽의 분류방식을 그대로 따르면서도, 주벽신을 확정한 독특한 내용이다.

3. 관성교

관성교는 1920년[381] 박기홍(朴基洪), 김용식(金龍植) 두 사람이 종래 관제(關帝)를 숭배하던 숭신단체(崇神團體)와 전내무(殿內巫) 및 일반 민중을 교도로 삼아 새롭게 조직한 교단이다.[382]

중국의 관제숭배는 호국의 군신일 뿐만 아니라, 병마퇴치, 자손출생, 일가번영, 상업번창 등의 방면에도 영험이 많다고 전한다. 조선에서의 관제숭배도 시초에는 국가적 차원에서 시작되었던 것이 어느 틈에 일반 민중들 사이에 받아들여졌고[383] 초복제액을 목적으로 믿는 일종의 민간 신앙이 되었다.[384]

일제강점기 일본의 대표적 종교연구가인 무라야마는 관제를 숭신하는 단체와 관성교라는 교단을 구별했다. 즉 그는 관제숭배자들을 모아 조직화하여 하나의 교단을 만들어 전내무 등에 의해 잘못 전해진 관제의 가르침을 바르게 알리려는 목적으로 세워진 교단이 곧 관성교라고 보았다.[385]

그런데 후대의 국문학자 이경선은 특별한 근거가 없이 관성교의 창시자

---

381) 1969년의 조사에는 1918년에 조직된 교단으로 본다. 문화공보부, 『한국신흥및유사종교 실태 조사보고서(1969~1970)』(1970), 380쪽.

382) 무라야마 치준(村山智順) 저(著), 최길성, 장상언 공역(共譯), 『조선(朝鮮)의 유사종교(類似宗敎)』(조선총독부, 1935, 계명대학교 출판부, 1991), 346쪽. 한편 이 교단의 창립일이 관우의 탄생일인 5월 13일이라는 보고가 있다. 문화공보부, 위의 책, 375쪽.

383) 무라야마는 관제묘 중심의 숭신(崇神) 단체로 천수사(千壽社), 독성사(篤誠社), 월성사(月誠社), 일성사(日誠社), 영명사(永明社), 한명사(漢明社), 경명사(敬明社), 충진사(忠眞社) 등이 있다고 보고했다. 이들은 일정한 기일을 정하여 단체로 혹은 대표를 세워서 관제묘에 참배했다.(무라야마, 위의 책, 347쪽.) 한편 이와 관련하여 천수사의 관제묘, 관성교도가 봉안한 영정, 충진사의 관성묘, 명첩, 명첨안, 관성교의 홀기와 축문 등의 사진이 부록에 실려 있다.

384) 무라야마, 위의 책, 347쪽.

385) 무라야마, 위의 책, 349쪽. 이러한 의도 하에 「관성교 취지서」와 「관성교 강령」을 수록했다. 무라야마, 위의 책, 350쪽.

가운데 한 사람인 박기홍(朴基洪)이 당시 유명했던 판소리 명창 박기홍과 동일인물이라고 주장했다.386)

「매일신보」 1912년 1월 1일, 3월 13일부터 16일까지 '옥중화(獄中花)'라는 코너에 명창(名唱) 박기홍(朴起弘)이 부른 춘향가(春香歌)가 실려 있다.387)

박기홍(1845~?)은 '애꾸눈 명창'으로 유명하다. 동편제(東便制)의 명창 정춘풍(鄭春風)의 고수(鼓手) 노릇을 하던 박재형(朴在亨)의 외아들이었던 박기홍은 훗날 정춘풍의 유일한 제자가 되었다.

박기홍은 소리는 잘했으나 오른쪽 눈알이 툭 불거져 나와 추한 외모를 지녔었는데, 판소리를 좋아하던 대원군이 그의 눈을 수술해 주었다는 소문이 있다. 박기홍은 타고난 재능과 노력으로 대원군과 고종의 총애를 받았고, 무과 선달의 직계까지 제수받았다. 훗날 그는 서울 생활을 접고 대구 근처에 거처를 정하고, 판소리를 포함한 국악연구에 전념했다. 전통악기도 자유자재로 다뤘던 그를 후배들은 "하늘이 내린 가신(歌神)" 또는 "가선(歌仙)"이라고 불렀다.388)

그러나 명창으로서는 보기 드물게 술도 마시지 않고 여자를 멀리했으며 특히 「적벽가」와 「춘향가」에 능했던 인물이었던 박기홍이, 1920년에 관성교를 창립했을 가능성은 매우 희박하다. 우선 관성교가 창립되었던 1920년에는 이미 그의 나이가 75세의 고령이 되었을 것이며, 오래 전에 낙향했던 국악계 인물이 갑자기 서울에서 종교단체를 세웠다고 상상하기

---

386) 각주에만 『조선창극사』를 인용해 적고 있다. 이경선, 앞의 글, 52쪽. 이경선은 이미 십 여 년전에 세상을 떠났으므로 더 이상 확인할 길이 없다.

387) 『조선창극사』에는 박기홍(朴基洪)으로 적혀 있다. 정노식, 『조선창극사』(민속원, 1984), 163쪽.

388) 오중석, 「판소리 명창열전」 5, 6 『주간조선』 1987년 5월 31일자와 6월 7일자.

는 어렵다.

이처럼 관성교 창립자 박기홍과 김용식에 대해서는 알려진 사실이 거의 없는 실정인데, 독일 민속학자 프루너는 소리꾼 박기홍과는 별개의 인물로 본다.389)

관성교의 관제상

한편 연건동에 있는 관성교총본부를 찾은 어떤 기자가 김용식을 만나 관성교에 대해 묻자, 그가 "원형이정(元亨利貞)과 충의대도(忠義大道)"를 말했고, "관제가 복을 준다는 미신과 사악을 일삼는 무리들을 개혁하기 위함"이 관성교의 주지(主旨)라고 대답했으며, 교인 수는 2천 명이고 1달에 4번씩 모임을 가진다고 말했다는 기사가 있다 390)

어쨌든 관성교는391) 이재극(李載克)을 총관장으로 추대하고, 동묘에 본부를 두고 각지에 지부를 설치하여 대대적으로 포교활동에 나섰다. 그러나 1924년에 박기홍과 김용식 사이에 불화가 생겼고,392) 결국 김용식

---

389) Gernot Prunner, *Kwansonggyo - A 20th Century Korean Revival of the Ancient Cult of the Chinese God of War*, Mitteilungen aus dem Museum fur Volkerkunde Hamburg 19 (1989), p.67.

390) 일로생(一路生), 「관우의 정신을 선양한다는 관성교총본부탐색기」, 『조광(朝光)』 3권 6호년 (조선일보사출판부, 1937), 49쪽~51쪽. 기자는 김용식이 몸이 통통하고 표정이 밝은 노인이며 말을 잘했다고 전한다.

391) 「매일신보」 1920년 8월 1일자에 "관제묘 내에 천조황대신(天照皇大神)과 조선건국주(朝鮮建國主) 단군(檀君)까지 합사(合祀)"라는 기사가 있는 것으로 볼 때, 창립 당시부터 일제의 비위를 맞춘 흔적이 역력하다.

이 관성교총본부를 따로 설립하여 각각 숭인동과 연건동으로 교단이 나뉘어졌다.393)

이와 관련하여 「동아일보」 1928년 1월 2일자에 「이상야릇한 동묘(東廟)에 신간판, 이를테면 전내집의 총본부, 상무(尚武)로 생겼다는 관성교, 불구(不久)에 생지엽(生枝葉), 각처에 총본부」라는 제목의 비교적 긴 기사가 있다.

전문의 주요내용은 아래와 같다.

> 무당이 신령하여 길흉화복을 관장하고 재앙 예방과 질병을 물리친다고 굿을 하는 전내집이 새끼를 쳐서 종로 5가에 관성교총본부가 생기고, 동숭동에 관성신도교(關聖神道敎)가 나타났으며, 길야정(吉野町)에도 관성교가 있는데, 각기 주장이 다르다.
>
> 종로 5가 관성교총본부의 교주는 김용식(金龍植)과 동묘 고지기 이윤장(李潤章) 씨 둘인데, 자기는 우상이 아니라 (관우의) 절륜한 충의를 마음으로 본받고자 했으며, 전내집 무리들이 미신으로 들어감에서 빠져 나오게 하기 위해 관성교를 세웠다고 주장했다. 동묘에서는 '우리는 관성제군(關聖帝君)의 충의(忠義)를 봉축(奉祝)하노라.'하고 날마다 사배분향(四拜焚香)한다.
>
> 서울에 1,000호의 전내집이 있다. 관운장의 화상을 걸고 관성제군이 지폈다고 너도 나도 관성제군의 제자라고 주장하며, 치성드리고 돈을 받고 굿을 해준다. 관성제군의 제자인 전내집은 고려 최영 장군의 제자인 무당을 낮추어 본다.

---

392) 「매일신보」 1924년 11월 24일자에 "관성묘와 국사당(國師堂), 고적 보존과 풍치상 관계로 결국 다른 곳에 이전할 듯"이라는 기사가 있다. 일본 신도의 일파가 동묘를 총독부에서 빌려 여러 신상을 모시고 초혼제와 개교대제를 계획하고 있다는 내용인데, 행사와 관계된 기사가 없는 것으로 보아 실제로 행해진 것 같지는 않다. 아마 이 일과 연관되어 불화가 생긴 것으로 짐작된다.

393) 무라야마, 앞의 책, 351쪽.

전내집이 굿을 할 때는 혼자가 아니라 다른 무당의 힘을 빌어 같이 한다. 전내굿의 종류는 천존(天尊)맞이, 상사맞이, 불사맞이, 창부타령, 조상맞이, 대감놀이, 군웅맞이 등 열 두 가지가 있다.

임진왜란 때 원군 온 명나라 장수가 선조(宣祖) 31년에 설립한 남묘가 관우 숭배의 시초다. 그는 "조선이 문약(文弱)한 것은 문창제군(文昌帝君)인 공자(孔子)만 숭배하는 까닭이다. 무창제군(武昌帝君)인 관운장(關雲長)을 숭배하면 무강(武强)하여 강해지리라."고 했다. 그런데 문약퇴치신(文弱退治神)이 오히려 미신의 총본영이 되었다.

(이 교단에는) 『각세진경(覺世眞經)』 등 복잡한 진경(眞經)이 있다. 김용식은 "충(忠)은 임금에게 충성되라는 말이 아니라, 마음에 충심이 있으라는 말이다."라고 주장한다. 즉 관성교는 미신타파가 목적이며, 무당들의 신앙과는 달리 충효 등의 윤리덕목을 강조한다고 주장한다. 관성교의 성경(聖經)인 『배심성훈(拜心聖訓)』, 『진량보훈(眞亮寶訓)』, 『강필(降筆)』, 『진경(眞經)』 등에는 굿하고 점치라는 말이 하나도 없다.

인용문을 통해 당시 서울에 관제를 모셨던 무당들이 상당히 있었으며, 최영 등 다른 장군을 몸주로 모신 무당보다 큰 위력을 지닌 존재로 여겨졌음을 알 수 있다. 그리고 전내집이 굿을 할 때는 독자적으로 했던 것이 아니라 다른 무당의 힘을 빌려 함께 했고, 특별한 내용이 없었다는 사실도 확인된다.

또 문창제군과 무창제군을 공자와 관제로 보았던 점은 독특하지만, 이는 민간에서 전승된 근거가 없는 이야기일 가능성이 높다. 그리고 관성교에서 『배심성훈』, 『진량보훈』이라는 경전을 사용했다는 전언은 현재로서는 확인할 수 없고, 관제의 신령이 무당에게 지펴 글을 썼던 내용으로 보이는

『강필』과『각세진경』을 뜻하는 것으로 보이
는『진경』도 경전으로 삼았다는 사실을 알
수 있다.

한편 『관제론(關帝論)』은 지운영(池雲
英)이394) 1928년에 지은 필사본 1책이
다.395) 이 책에서 그는 관제는 하늘이 낳은
생이지지(生而知之)의 성인(聖人)이며, 무
용절세(武勇絶世)한 일세지웅(一世之雄)이
라고 평가했다. 또 관제는 충의의 성현(聖
賢)이지 지모(智謀)의 영웅호걸은 아니라
고 강조했고, 관제는 복마대제(伏魔大帝)
의 성신(聖神)으로서 바다와 산의 풍운을
다스리고 억조창생의 위복(威福)을 맡았다
고 주장한다. 지운영은 책의 마지막 부분에

관성교도가 봉안했던 관제초상화

자신의 나이가 77세라고 밝히고,396) 이 책을 동묘(東廟)의 관교신계(關
敎神契) 회원들에게 보여주자 기뻐하며 관제의 성상(聖像) 앞에 올렸고,

394) 고종이 광무(光武) 연간(1897~1908)에 지운영과 최시명(崔時鳴) 등을 중국에 보내어 강서성
    (江西省) 용호산(龍虎山)에 가서 장천사상(張天師像)을 얻어 경기도 양근군(楊根郡) 용문산(龍門
    山)에 도관(道觀)을 짓고 숭봉했다는 기록이 있는데, 동일인물인 듯하다. 이능화,『조선도교사』,
    346쪽.
395) 한국정신문화연구원 장서각 도서 D3B 258이다.
396) 지운영(1852~1935)은 우리 나라에 처음으로 우두접종법(牛痘接種法)을 도입한 송촌(松村)
    지석영(池錫永, 1855~1935)의 친형이다. 두 사람 모두 1910년대와 1920년대에는 대종교(大
    倧敎) 신도였다. 특히 지운영은 우리 나라에 처음으로 사진술을 도입한 인물로 유명하다. 대종교
    측의 자료에 의하면 지운영이 단군 초상화인 천진(天眞)을 모사했다고 한다.『대종교보』통권
    286호(대종교총본사, 2000), 11쪽~12쪽. 삿사 미츠아키,『한말·일제시대 단군신앙운동의
    전개 -대종교·단군교의 활동을 중심으로-』(서울대학교 대학원 박사학위논문, 2003), 129쪽~
    130쪽.

자기에게 관묘(關廟) 사성(司成)의 임명장을 주었다고 기록했다.

「동아일보」 1928년 7월 4일자에 「양(兩) 관성교(關聖敎) 합동」이라는 제목으로 종로 5가 관성교총본부가 지난달 30일 9주년 기념식을 기회로 동묘(東廟)의 관성묘와 합병하게 되었다는 기사가 있다.

또 「매일신보」 1936년 4월 17일자에 "관성교의 본부 동묘, 지금도 사람들의 숭앙은 여전"이라는 제목의 기사와 건물 사진이 실려 있는데, 특히 4월 8일과 단오날에 많이 모인다고 했다. 이 때 조선총독부 학무국에서 동묘를 보존가치가 있는 유적으로 지정하고 이윤장(李允掌)씨에게[397] 관리를 맡겼다.

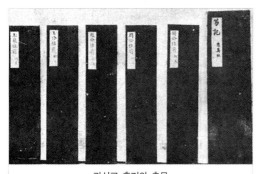

관성교 홀기와 축문

그런데 교단이 성립된 1920년 이전인 1890년에 이미 관성교는 1개 지부에 남자 2,000명, 여자 1,300명 합계 3,300명의 교인이 있는 교단이라고 보고한 표가 있다.[398] 또 1912년경부터는 관성교가 경기도 지역에 출현했다는 보고도 있다.[399] 이 통계는 1913년부터 1920년까지 똑같이 보고한다. 그러다가 갑자기 1921년에 들어서면 1개 지부에 남자 교인 847명, 여자 교인 530명 합계 1,377명으로 절반 이상 격감한다.[400]

397) 「동아일보」 1928년 1월 2일자에 나오는 이윤장과 동일인물일 가능성이 높다.

398) 무라야마, 앞의 책, 452쪽.

399) 무라야마, 위의 책, 420쪽. 충청도에는 1931년부터 활동했다고 한다. 421쪽.

400) 1912년부터 경성에 관성교가 출현했다고 한다.(무라야마, 위의 책, 680쪽.) 그리고 무라야마는 칠성교, 대종교, 단군교, 관성교, 숭신인조합, 황조경신숭신교, 영가무도, 성화교 등 숭신계 교단의 신도 수가 경기도 지역에 1912년부터 1920년까지 줄곧 3,300명이 있었는데, 갑자기

그 후 관성교 신자수는 1922년 1,835명, 1923년 1,865명, 1924년 3,782명, 1925년 4,017명, 1926년 3,827명, 1927년 3,699명, 1929년 3,670명, 1930년 2,620명, 1934년 2,285명으로 조사된다.401) 그러다가 1934년 8월에는 관성교의 교인수는 2,285명이고, 포교소가 6개, 교구가 3개인 "3천명 이하 1천명 이상" 교단으로 파악되었다.402)

도대체 어찌된 일일까? 무라야마는 관제숭배단체와 교단으로서의 관성교를 분명하게 구별하는 입장에 있었다. 이는 그가 관성교에 대해 언급한 내용들에서 확인된다. 그러나 무라야마는 앞에서 살펴본 것과 같이 통계자료에서는 관제숭배단체와 관성교를 구별하지 않는 어리석음을 범했다. 1920년 관성교가 교단으로 정식으로 출범하기 이전의 통계는 관성교와는 관계없는 관제숭배단체 회원의 숫자를 추정한 것이다.

이러한 관점에 입각하여 프루너는 관우에 대한 숭신의례를 경제적으로 후원하던 사람들의 집단인 여러 사(社)에서 신자를 모은 것이 관성교의 출발이었다고 보았다.403)

한편 1960년대 종로지역에 있던 포목상인들의 포교와 친목활동으로 인해 한때 동묘의 신행이 활발했다는 보고가 있다.404) 또 이 보고서에서

1921년에 41,549명으로 10배 이상 늘었다고 보고했다.(686쪽~689쪽.) 1923년에는 51,168명으로 최고조에 달했고, 1926년에도 5만 여 명이었는데, 1927년에 갑자기 9,791명으로 격감한다. 이후 1928년 5,137명, 1931년 3,191명, 1934년 3,606명으로 차츰 줄어든다.(690쪽~694쪽.)

401) 무라야마, 위의 책, 452쪽~460쪽.

402) 무라야마, 위의 책, 383쪽, 390쪽, 385쪽에 경기도의 교인 수가 2,184명으로 보고되어, 지방 신도는 거의 없다. 남자 교인이 1,230명으로 여자 교인보다 많다. 지방에 3개의 포교소가 있으나 활동이 미미했던 것으로 파악되는데, 386쪽에서 충청남도에 3개 포교소 2개 교구에 101명의 신도가 있다고 보고되었다. 따라서 서울, 경기, 충남 이외의 지역에는 포교소가 없었고, 신도 수도 극히 적었다는 사실을 알 수 있다.

403) Gernot Prunner, op.cit., p.91.

404) 『한국신종교 실태조사보고서』(한국종교학회, 1985), 156쪽.

는 『각세점경(覺世點經)』과 『명성경(明聖經)』에 있는 "군자는 천명을 두려워하고, 대인을 무서워하며, 성현의 말씀을 무서워하라. 이는 신명인 마음을 속이지 않기 위해서이다."라는 삼외(三畏)와 "하늘을 알고, 땅을 알고, 신명을 알고, 사람을 알아야 한다. 이는 신독(愼獨)을 지키기 위함이다. 신명의 감찰이 열 눈으로 살펴보고, 열 손으로 가르친다."는 사지(四知)가 관성교의 행동규범이라고 했다.405)

또 1964년 5월의 조사에서도 관성교의 신도는 종로, 동대문, 청량리 등지의 상인들이 중심이었다고 했다. 1985년 무렵에는 동묘에서의 종교 행위가 금지되어 중년부인 10여 명과 남자 노인 4~5명이 후원에서 공양물도 없이 참배하는 정도라는 보고가 있다.406)

관성교에 대해 알 수 있는 자료가 매우 적었는데, 프루너 교수가 이를 해결해 줄 핵심적인 논문을 독일에서 발표했다.407)

관성교의 신도 수의 증감에 대해 프루너는 관성교의 발전은 1910년 한일합방에 기인한다고 주장했다. 그는 1919년 3·1운동 발생과 거의 동시에 관성교 창건이 이루어졌다는 역사적 사실에 주목했다. 즉 프루너는 굴욕적인 나라 형편에 좌절하고 격동의 시대를 거치면서 당시의 정황을 임진왜란 때의 곤경과 유사하다고 생각한 한국인들이, 한국의 전통적 수호자로 여겨져 왔던 중국의 전쟁신인 관제를 적극적으로 모시기 시작했다고 보았다. 이런 관점에서 보면 관성교는 일제 침략에 반대한 민족운동으로도 볼 수 있다.

나아가 프루너는 한국인들이 관제를 모시고 그의 정신적 후원을 기대한

---

405) 『한국신종교 실태조사보고서』(한국종교학회, 1985), 156쪽.
406) 『한국신종교 실태조사보고서』(한국종교학회, 1985), 156쪽.
407) Gernot Prunner, op.cit. pp.51~108. 필자는 이 글을 통해 관성교에 대한 현장감 있고 분석적인 내용을 많이 얻을 수 있었다.

것은 이미 임진왜란 때 효과가 있었기 때문에 더욱 설득력이 있게 받아들여졌고, 이것이 바로 관제가 갑자기 대중성을 띠게 된 가장 그럴듯한 설명이라고 주장했다.408)

프루너는 1975년에 민속과 종교를 연구하기 위해 한국을 방문했다. 그는 당시에 이미 관성교가 없어졌고, 지도자의 행방도 알 수 없는 상태였으며, 신도들도 흩어졌다고 보고했다.409)

해방 이후 서울 동묘를 중심으로 명맥만 겨우 유지하던 관성교는, 1973년 4월 4일자로 동묘가 서울시 공원으로 지정되고 관성교와 관계되었던 부설 건물들이 철거되자 교단도 없어지고 말았던 것이다.

이는 1975년 프루너가 동묘를 찾았을 때 이미 관성교의 흔적을 찾아볼 수 없었다는 보고와 일치한다.410) 이때 남묘도 철거되어 관성교는 소멸되는 운명에 처해졌다. 다만 신봉자들이 개별적으로 동묘에 참배하는데 전체 교인수가 30~40여 명이었다고 한다.411)

1985년도 신종교 실태조사보고서에도 서울 동대문구 숭인동 동묘(東廟)에 있던 종교단체인 관성묘(關聖廟)는 소멸(消滅)된 것으로 보고했다.412)

이 조사에서는 이 교단을 관성교계(關聖敎系)라고 밝혔고, 창교자는 "박기홍, 김용식(창립협의자), 초대관장 이재극"으로 적혀 있다. 1920년대에

---

408) Gernot Prunner, op.cit., p.67.

409) Gernot Prunner, ibid., p.51.

410) Gernot Prunner, ibid., p.94. 그는 '관성교본부(關聖敎本部)'라는 현판과『관성제군성적도지전집(關聖帝君聖蹟圖誌全集)』 5권(1876)을 동묘 근처의 고물상에서 구입하여 독일 함부르크 민속박물관에 기증했다.

411)『한국신종교 실태조사보고서』(한국종교학회, 1985), 153쪽. 그런데 1975년 즉 소멸된 즈음에 700여 명의 일반 관우숭배자가 있었다는 보고도 있다. 탁명환 편, 『종교단체일람표』(1975), 27쪽.

412)『한국신종교 실태조사보고서』(한국종교학회, 1985), 152쪽.

관성제군을 숭배하던 숭신단체와 무당들에게 포교하여 교단을 조직했지
만, 일정한 종규(宗規)로 조직된 조직체가 아니라 뜻있는 사람들의 모임형
태로 보았다. 관성제군 숭배는 음력 초하루와 보름 월 2회씩 관제묘에
참배하고, 자기 집에 관성제군의 화상을 모시기도 했다고 보고했다.

한편 이강오는 "박기홍(朴琪洪)의 관성교"라고 규정하고 무속계 단체로
보았으며, 이 교단이 거의 멸실 단계에 있다고 보고했다.[413] 그리고 "관성
제군, 문창제군, 부우제군 삼성(三聖)을 존숭하는 천수사(天壽社)도 있
다."는 기록으로 보아 삼성(三聖)을 모시는 것은 매우 제한적이었음을 알
수 있다. 또 "군신(軍神) 외에 병마퇴치(病魔退治), 자손출생, 사업번창
등에도 관성제군이 유일최상의 신이 된다."는 보고도 있다.[414]

이제 관성교의 실체에 대해 프루너의 논문을 중심으로 구체적으로 알아
보자.

관성교는 무당이 손에 붓을 잡고 정신을 집중하면 관성제군의 신이 내려
특별한 이름이나 호를 내려주는 강필(降筆)에서 출발하였다.[415]

따라서 관성교의 창시자는 전내무당을 중심으로 일반인 가운데 관제신
앙에 관심있는 사람들을 신도로 모집했다.[416] 전내무당은 무속계(巫俗
系)의 위계에서 2번째 위치를 차지하는 무당으로 상당히 높은 등급이라고
한다. 어쨌든 관성교 창립 이전에 이미 동묘 근처에는 관제를 숭배하는
의례를 후원하고 동묘를 관리하는 회원을 가진 숭신단체인 사(社)들이
많이 있었다.[417]

413) 이강오, 『한국신흥종교총감』(대흥기획, 1992), 833쪽. 박기홍의 한자 이름이 다르게 적힌
이유에 대해서는 밝히지 않았는데, 오기일 가능성이 높다.
414) 『한국신종교 실태조사보고서』(한국종교학회, 1985), 155쪽.
415) Gernot Prunner, op.cit., p.66.
416) Gernot Prunner, ibid., p.66.

치성단체인 춘추사, 일성사, 보
성사, 영명사, 경명사 등이 남묘
(南廟) 유지사(維持社)로 조직된
것은 1913년의 일이며, 이 외에도
천수사, 독성사, 월성사, 한명사,
충신사 등 동묘(東廟) 중심 조직이
30개 가량 있었다고 한다. 이 사
(社)들은 서울의 상공단체의 도가

천수사의 관제상

(都家, 同業組合)로 형성된 것이다.418) 그러던 중 20세기 초에 느슨한
형태였던 관제숭배단체가 갑자기 관제신앙을 주로 하는 관성교로 발전하
였다. 이처럼 단순히 의례를 후원하는 단체에서 종교집단으로 변하는데는
오랜 시간이 필요했다.419)

1920년 일제 당국에 27명이 서명한 「관성교 취지서」와 「강령」을 제출
하기 전에, 관성교 창립을 주도한
사람들이 먼저 사(社)나 유지사
(維持社)를 조직했을 가능성이 높
다.420)

어쨌든 관성교의 초기 신도 수는
6천여 명으로 보고된다. 그러나 분
파로 인해 1930년대에는 2천 명으
로 줄었고, 1960년대에는 겨우 60

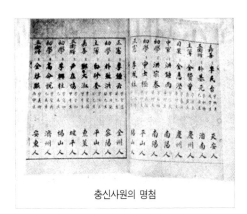

충신사원의 명첩

417) Gernot Prunner, ibid., p.67, p.69.
418) 『한국신종교 실태조사보고서』(한국종교학회, 1985), 153쪽.
419) Gernot Prunner, ibid., p.90.
420) Gernot Prunner, ibid., p.70.

여 명의 신도가 보고되었다.[421] 이처럼 관성교의 신도 수가 격감한 원인에 대해 프루너는 첫째, 일제 당국의 압력, 둘째, 동묘를 관리하던 이씨 집안 의[422] 몰락과 창교자와 추종자의 갑작스런 죽음, 셋째, 관제신앙의 실제적 효과가 나타나지 않은데 대한 회원들의 반감 등을 들고 있다.[423]

여기서 프루너가 세 번째로 제시한 원인은 임진왜란 때 관제가 행했다고 전하는 기적과는 달리 일제가 여전히 한반도에 계속 주둔하고 있었고, 특히 1931년 9월 일제가 만주사변을 일으켜 만주지역을 점령한 다음 1937년에는 중국 본토까지 침략하는 현실에서, 관제신앙이 유지될 수 있는 근거가 점차 약해졌다는 지적이다. 즉 자기가 태어난 중국이 유린당하는 상황도 극복하지 못하는 관제가 우리 나라를 지키고 보호해 줄 것이라는 믿음 자체가 흔들리기 시작했다는 주장이다.

나아가 프루너는 1950년에 발발한 한국전쟁 때 남한 사람들에게는 중공군이 호전적 침략자로 받아들여졌기 때문에, 이후에는 '중국의 전쟁신'인 관우에 대한 신앙이 일반화되기가 더욱 어려워졌다고 보았다.[424]

이외에도 프루너는 일제강점기의 당국자들은 관성교를 자신들을 위협하는 잠재적 위험을 가진 한국인 조직체로 보았고, 더욱이 한국전쟁 이후 한국정부에서는 현대화와 계몽을 강조하면서 관성교를 미신집단으로 낙인찍었기 때문에 발전하기 어려웠다는 점도 지적했다.

한편 프루너는 관제신앙을 불교와 민간신앙의 종교적 혼합주의로 보았다. 그는 관제신앙을 보정대사 또는 옥천대사가 관우의 악행을 뉘우치게

---

421) Gernot Prunner, ibid., p.70. 1969년 조사에서는 남자 10명, 여자 50명의 신도 수가 보고되었다. 문화공보부, 『한국신흥및유사종교 실태조사보고서(1969-1970)』(1970), 372쪽.
422) 이동빈씨의 5대손인 이규택이 동묘 대표자라는 보고가 있다. 문화공보부, 『한국신흥및유사종교 실태조사보고서(1969~1970)』(1970), 370쪽.
423) Gernot Prunner, op.cit., p.70.
424) Gernot Prunner, ibid., p.70.

하고 불교에 귀의케 했다는 옥천사설
화와, 옥천사가 위치한 지역의 토박이
신인 관우가 자신의 권리를 주장하고
보정대사를 자신의 가르침을 세상에
알리는 매개자로 선택했다는 민간신
앙과 혼합된 형태로 본다.[425]

또 관제는 옥황상제의 주목을 받아
명대(明代)에는 보정대사에 의해 북
경 동악묘(東嶽廟)에 있는 불교도와
도교수행자를 돌보는 곳인 재승도사
(齋僧道司)의 수호신으로 모셔졌고,
환관과 가난한 사제들의 수호신으로
도 받들어졌다고 한다.[426]

충신사의 관제초상

그리고 관제가 꿈, 황홀경, 환영 등의 방법으로 등장하여 시유(示諭),
명시(明示), 교유(敎諭), 하교(下敎)하는 영험담이 한국에서는 『관도옹약
록(觀道顯若錄)』에 기록되어 있다고 한다.[427] 관우에 대한 이러한 신비한
이야기들이 널리 전승되면서 마침내 관우는 신으로까지 숭배되는 과정을
겪었다.

특히 관우는 충(忠), 효(孝), 염(廉), 절(節) 사절(四節)과 제(悌), 신
(信), 예(禮), 치(恥), 의(義) 다섯 덕목의 생애를 살았던 위대한 인물로
숭배된다.[428] 이는 『각세진경』의 주요 덕목들이며, 유교적 덕목이기도

425) Gernot Prunner, ibid., p.74.
426) Gernot Prunner, ibid., p.74.
427) Gernot Prunner, ibid., p.74.
428) Gernot Prunner, ibid., p.78.

하다. 이처럼 관우는 무신(武神)으로서 뿐만 아니라 유가적 학식을 지니고
실천했던 인물로도 숭배되었다. 따라서 관제는 항상 『춘추』를 읽었고,
『논어』, 『맹자』 등을 탐독하며 수신(修身)과 치국(治國)을 중시했다고 믿
어졌으며, 결국 유교와도 종교적 혼합을 이루었다.

바로 이러한 맥락에서 프루너는 이단사상을 매우 부정하는 입장이었던
조선에서도 관제신앙을 받아들일 수 있었고, 나아가 일제강점기에도 총독
부에서 충(忠)을 강조하는 것이 식민지 공권력을 유지하는 일에 도움이
된다고 판단하여 교단 설립을 허가했다고 보았다.429) 1920년에 조선총
독부에 제출한 「관성교취지서」에 보이는 "하늘에서 보낸 관제의 충(忠)이
해와 달처럼 빛난다."는 표현이 이를 뒷받침한다.

한편 관성교의 계율 7조는 ①물기심(勿忌心), ②물해물(勿害物), ③물
사음(勿邪淫), ④물음주(勿飮酒), ⑤물번고(勿煩告), ⑥물망동(勿妄動),
⑦물오인(勿惡人)이다.430)

그리고 3가지 교훈은 ① 전생에 지은 죄과로써 이 세상에 태어나니,
모든 재난 못 면함을 도덕 닦아 씻어보세, ② 전생에 쌓은 공덕으로써
이 세상에 받는 행복, 도덕 닦아 보존하여 무량대도 이룩하세, ③ 이 세상
에 쌓은 공덕을 어떤 성도 찾으련가, 관성제군도를 닦아 자향법전 올라가
세 등이다.431) 이들 격언에도 유교적 윤리와 윤회, 업, 계율 등의 불교적
개념이 혼합되어 있다.432)

또한 푸르너는 "도교와 불교의 삼보(三寶)가 모두 마음에서 나온다."는
입장을 표명한 『각세진경』에 입화(入化), 무극태극지리(無極太極之理)

429) Gernot Prunner, ibid., p.79.
430) Gernot Prunner, ibid., p.80.
431) 문화공보부, 앞의 책, 378쪽.
432) Gernot Prunner, op.cit., p.81.

등의 용어가 사용되었다는 점에서
도교, 유교, 불교의 교리가 모두
관성교 교리에 통합되었다고 보았
다.433)

충진사의 명첨안

한편 관성교의 주요경전은『각
세진경』,434)『명성경』,435)『삼성
경』등이다. 그 가운데『명성경』을
주된 경전으로 삼았는데, 한문으로
적혀 있어서 일반신도들은 흔히「관성제군보고」를 연송했다. 원래 중국에
서 간행된『명성경』은436) 상세한 주석이 있다.437)

이 밖에도 관성교의 경전으로『삼성훈경』,『관성제군오륜경』,『과화존
신(過化存神)』등도 거론된다. 이 책들은 충효와 인간의 도리를 주로 내세
운 일종의 도가서로, 전도를 목적으로 언해되었다.

또『명성경』438) 첫머리에 관제가 옥천사(玉泉寺)에서 써서 인간 세상

433) Gernot Prunner, ibid., p.82.
434) 이 책을 필사하면 재앙이 물러나고 복이 온다는 믿음이 있었다. 문화공보부, 앞의 책, 375쪽.
435)『명성경』은 1920년 10월에 김용식이 편집 겸 발행자로 관성교총본부에서 발행하였다. 이후
1932년 1월에 이상원(李祥原)이 편집자 겸 발행자로 관성교총본부에서 원문에 언해를 달아 발행
했다.
436) 우리 나라에서『관성제군명성경』은 1책 목판본으로 1883년에 무본당(務本堂)에서 간행했다.
원간은 철종 6년(1855)이라고 하지만 이는 발문을 쓴 연대이며, 한문본 간행 때의 연대로 보인
다. 대표적 이본으로는 낙선당장판(樂善堂藏版, 1884, 1886)과 전주남묘장판 등이 있다. 이러한
이본들은 당시 조정에서 임진왜란 이후 민간신앙으로 전래되어 오던 관제신앙을 크게 진흥시키고
자 한 정책에 따른 것이다. 홍윤표,「관성제군명성경 언해 해제」,『명성경언해』(태학사, 1986)
437)「桃園明聖經」,『관제문헌회편(關帝文獻匯編)』5권(國際文化出版公司, 1995), 425面~588面.
이는『관제전서(關帝全書)』권(卷)5에서 권(卷)7에 해당된다. 또 권(卷)10에도『명성경(明聖經)』
이 8개의 장(章)과 3개의 찬(贊)으로 수록되어 있다.
438) 1959년에 간행된『명성경』의 표지를 넘기면 관성제군이 영성대제(靈仙大帝)와 장선대제(張
仙大帝)와 함께 있고, 아래 쪽에 여동빈이 찬했다는 짧은 시구가 있는 그림이 있다. Gernot
Prunner, op.cit., pp.61~62.

사람에게 내려준 것이라는 내용을 기록했다. 따라서 분향하고 맑고 깨끗한
마음으로 『명성경』을 독송하면 모든 재앙이 사라지고 복이 올 것이므로
사람들에게 많이 읽을 것을 권장했다. 그리고 인간의 행동은 효도와 공경을
우선으로 해야 할 것이며, 효제(孝悌)는 수신의 근본이 된다고 가르쳤으며,
만일 악을 행하면 자신이나 자손들이 보(報)를 받게 된다고 강조했다.

그리고 「칙령」에서 유가의 오상(五常)은 도교와 불교의 삼보(三寶)와
같다고 설명하면서, "인간 세상의 모든 어려움이나 기쁜 일이 마음에서
생기므로, 인과 의를 행하면 마음이 안정되고 기쁜 일만 생기는데, 인(仁)
은 곧 효제(孝悌)이며, 의(義)는 곧 염절(廉節)이다."고 규정했다.439)

한편 관제 다음으로 신앙되는 신격들이 『명성경』 마지막 부분에 열거되
어 있다. 이들은 24재난 즉 24겁(劫)을 막아주는 수호신으로 경천정지맹
용신(擎天頂地猛勇神), 봉일거월보조신(捧日擧月普照神), 열숙장성명랑
신(列宿張星明朗神) 등인데,440) 한국 무속의 24방(方) 진수(鎭帥)와도
연관된다.441) 이 밖에도 관제와 관련된 신격들로 관평, 주창, 옥천대사,
문창제군, 부우제군, 한소열제, 환후대제(桓侯大帝), 제갈무후 등이 언급
된다.442)

또 관성교에서는 옥황상제가 관제에게 이승의 선인과 악인을 심판하라
는 명령을 내렸다고 믿었다. 그리고 관제는 태상노군(太上老君), 삼계령
(三界靈), 중성(衆聖), 오악신(五嶽神), 뇌전신(雷電神), 오호신(五湖神),
사해신(四海神), 일(日), 월(月), 북두성군(北斗星君), 성(星), 진(辰), 성

439) 『한국민족문화대백과사전』 3권, 87쪽~88쪽.
440) 김용식, 『명성경』(관성교총본부, 1920), 65면~67면. 이 책은 김용식이 저술한 것이 아니라.
    200여 년 전 중국에서 출간된 책이다.
441) Gernot Prunner, op.cit., p.83.
442) Gernot Prunner, ibid., p.83.

황(城隍) 등의 하위 신격을 거느리는 존재로도 믿어진다. 이 밖에도 관제
는 한국민속신앙에만 보이는 밤에만 돌아다니는 흑살수(黑煞帥), 낮을 책
임지고 있는 교결병(皎潔兵), 가택귀(家宅鬼), 부엌신인 사명군(司命君)
등도 거느린다.443)

또 다른 문헌에 의하면 주의신(朱衣神), 무곡성(武曲星), 문창(文昌),
장선(張仙) 등도 관제의 하위 신격이며, 관제에게 보고하는 신으로 구고대
선(救苦大仙), 태상진군(太上眞君), 태백금성(太白金星), 왕천군(王天君)
등도 있다.444)

나아가 관성교에서는 관평, 주창, 임경업, 최영, 태백산신장군, 백마신
장, 삼불제석, 석가세주(釋迦世主), 옥황상제, 일월웅신(日月雄神), 일광
보살, 월광보살, 사부칠성, 사해용왕, 산신님 등도 함께 모셨다.445) 이
가운데 관평과 주창에 대한 신앙은 이미 임진왜란 당시에 유입되었다.446)

중국에서 관제는 전쟁신, 학문신, 상인들의 수호신으로 믿어진다.447)
그러나 한국에서 관제는 군사적 측면의 신격으로서만 강조되었다. 한국에
서 관제의 학문적 기능은 비교적 많은 대중성을 얻지 못했으며, 특히 상업
적 기능은 거의 무시되었다.

관성교의 정기적 예배일인 '회(會)날'은 음력 1월 1일, 5월 13일(관제
생일), 6월 24일, 상강일(霜降日), 12월 6일(관제 제삿날) 등이다. 이

---

443) Gernot Prunner, ibid., p.84.
444) Gernot Prunner, ibid., p.84.
445) Gernot Prunner, ibid., p.93. 주창 대신 장장군님, 임경업 대신 임장군님, 최영 대신 최일
   장군을 모셨다는 보고도 있다. 문화공보부, 앞의 책, 377쪽. 1985년 조사에서는 관운장, 장장군
   님, 임장군, 백마신장, 최일장군, 태백산신장군, 삼불제석, 서가세주, 옥황상제, 일월웅신, 일공
   보살, 월광보살, 사부칠성, 사래용궁, 삼신님을 모시기도 했다. 『한국신종교 실태조사보고서』(한
   국종교학회, 1985), 155쪽.
446) Gernot Prunner, ibid., p.66.
447) Gernot Prunner, ibid., p.90.

외에도 관성교에서는 매달 초하루, 초파일, 보름, 28일에도 집제(執祭)를
지냈다.448)

이때 올렸던 집제(執祭)의 순서는 다음과 같다.449)

① 타종(打鐘) - 낮 11시에 남자는 오른쪽에, 여자는 왼쪽에, 구분해서
착석한다. 중앙의 길은 관제가 지나간다고 믿어지므로 비워놓는다.

② 독송(讀誦) - 축문송(祝文頌) 매 구절을 4번 반복하여 낭독한다.
이때 집례자들이 관제와 관평, 주창, 조루, 왕보 등의 장군상에450) 분향하
고 4배한다.451)

③ 여자 신도 한 사람이 송덕가(頌德歌)를452) 선창하면, 나머지 신도들
이 따라서 복창한다.

④ 사배(四拜) - 모든 참석자들이 큰절을 하는데, 절할 때마다 일어서
서 반배한다.

⑤ 마지막 타종(打鐘) - 종소리가 끝나면 부녀자들이 각 신위에 공물
(供物)을 바친다. 이때 공물 쟁반을 신위마다 옮겨가면서 바친다.453)

---

448) Gernot Prunner, ibid., p.91. 문화공보부, 앞의 책, 375쪽.

449) Gernot Prunner, ibid., p.92.

450) 관평(關平), 주창(周創), 조루(趙累), 왕보(王甫)는 관성제군을 따라 활동한 장군들이기에
전립신(前立神)으로서 숭배하고, 보정(普淨)대사는 관성제군의 가르침 즉『명성경』이 스님의
꿈에 의해 세상에 전달되었기 때문에 성경(聖經)의 전달자로서 숭배된다.

451) 이 부분에 대해 1969년의 조사에서는 먼저 신도들이 모두 앉은 자세로 절을 4번 하고, 그
동안에 남자 1명이 관우와 4장군들에게 분향하고, 마지막 분향이 끝날 무렵 신도 일동이 다시
본전을 향해 4배 한다고 보고했다. 문화공보부, 앞의 책, 375~376쪽.

452) 「송덕가」는 총 10장으로 각 장이 10절로 이루어졌다. 제1장의 일부 내용이 "체천행도 우리
성제 지선지덕 우리 성제, 춘추에 장부지로 사해로 집을 삼고, 도원에 결의하사 소고천지 하옵시
니, 용호풍운 재회하사 삼형제를 맺었도다, 통천지 만고에 충효절의 으뜸일세, 옥황상제 칙명으
로 삼계복마 대제로세, 인지선악 살피시니, 우리 창생 경복하세."이다. Gernot Prunner, op.cit.,
pp.94~95. 문화공보부, 위의 책, 377쪽.

453) 공물을 각각의 신위에 바치면서 넓은 신전 내를 돌아다닌다. 공물을 이쪽 신위에 놓았다가

⑥ 설법(說法) - 정해진 형식이나 주제가 없다.

⑦ 산회(散會)

한편 '회날'의 목표가 "천추의기(千秋義氣), 만고충심(萬古忠心), 천고완인(千古完人), 호연정기(浩然正氣)"에 있으며, 그 첫 단계가 일상생활에서 살생을 금하는 것이라는 보고가 있다.454)

그런데 관제의 만고충심(萬古忠心)이 불교의 살생금지 교리와 모순된다는 주장도 있다.455) 충(忠)의 강조는 전쟁과 관련된 의례와 연관되는데, 부처의 평화적 메시지와 기본적으로 차이가 있기 때문에 양자를 화합시키는데 어려움이 있다고 본다.

그리고 관성교 신자들은 회합일과 의례일에 참석하는 것 자체가 개인의 덕성에 유익한 효과를 미친다고 믿었다. 따라서 추가적인 도덕훈련이나 수련이 필요하지 않다고 생각했고, 단지 똑바로 앉아서 잠시 묵상하는 정도였다.456)

한편 무라야마는 초기 관성교 신도들의 입교 목적이 "교당을 세웠으므로", "무병식재, 생활안정, 소원성취, 자손번창, 좋은 인연을 얻고 행복을 가져다 준다."로 나타났다고 보고했다.457) 신앙의식은 불명(不明)으로 보고되었고,458) 신분은 양반 1명과 상민 2명의 분포였다. 또 직업은 무격(巫覡)

들고 가서 다른 신위에게 바친다. 각 신위에 따로 공물이 바쳐지는 것이 아니다. 문화공보부, 앞의 책, 376쪽.

454) 문화공보부, 위의 책, 376쪽.

455) Gernot Prunner, op.cit., p.93.

456) Gernot Prunner, ibid., p.95.

457) 무라야마, 앞의 책, 702쪽. 716쪽. 관성교 신자들은 민족주의 수행, 교주 등극 후 고관 취임, 제폭구민, 사후에 극락정토에 갈 수 있다. 정신수양, 농촌계몽과 문화운동 등의 다른 항목은 입교목적으로 선택하지 않았다.

458) 무라야마, 앞의 책, 723쪽.

1명이 보고되었으며, 재산여부는 무산
자(無産者)로 보고되었다. 지식은 무학
몽매 2명이 보고되었고, 남녀 비율은 남
자 54% 여자 46%로 보고되었다.459)

신도 계층은 별로 알려진 것이 없는
데, 프루너는 전통적 한국 관습을 따르
는 평균적인 사람들로 대부분의 신도가
중산층이며, 전업주부들이고, 흡연과
음주는 하지 않는다고 보고했다.460)

결론에서 프루너는 관성교는 단순한
관우숭배단체가 아니라 종교단체로서
독특한 정체성을 지니고 있었고, 창시

동묘의 영첨통과 영첨

자, 조직, 숭배장소, 경전, 확정된 교리를 가졌다고 강조했다. 또 중국적
기원과 분리될 수 없었지만 많은 점에서 한국적인 상황을 반영하는 관성교
의 신앙체계는 강한 혼합주의적 특성을 지녔고, 부분적으로는 유교적,
불교적, 도교적이지만 중국의 원형에서도 관찰되듯이 판테온(Pantheon,
萬神殿)의 구조, 신화, 의례라고 규정했다.

결국 관성교는 중국의 고대신앙을 포함한 민속종교의 영향과 중국의
영웅인 관우를 신격화하고 숭배하는 의례에서 시작하여 한국화되어 갔으
며, 비교적 짧은 기간 동안 소규모로 존속했지만 어디까지나 종교집단이
었다.

프루너는 관성교의 쇠퇴와 소멸 이유는 거의 밝힐 수 없었지만 아마도

---

459) 무라야마, 위의 책, 831쪽.
460) Gernot Prunner, op.cit., p.96.

해방 이후의 상황과 한국전쟁 때의 중공군의 개입에 따른 중국에 대한 공적 태도의 변화 등이 영향을 주었을 것으로 추정한다. 또 그는 정부의 미신타파 정책과 캠페인이 관성교 쇠퇴에 결정적으로 영향을 주었고, 특히 동묘가 '열린 박물관'되어 관광객들의 구경거리로 전락하는 등 국가의 관리하에 들어갔기 때문이라고 보았다.461)

그리고 프루너는 중국에서 전쟁신으로서의 관제에 대한 의례가 축적되었고, 이러한 의례의 부활과 종교단체로의 변환이 일제강점기라는 한국의 특수한 상황에서 1920년대에 이루어졌다고 주장했다. 그는 300여 년 전의 임진왜란과 유사한 상황에서 한국인들이 중국 전쟁신의 도움으로 일본의 침략으로부터 구원되었던 경험을 다시 살리고자 했다고 파악했던 것이다.462)

앞에서 프루너의 글에 의지하여 관성교에 대한 많은 정보를 알 수 있었고, 이를 통해 자칫하면 누락될 뻔했던 한국종교사의 중요한 한 부분을 보충할 수 있었다. 관성교는 관제를 주 신앙대상으로 삼았고, 관제에 대한 경전과 의례를 체계화시켰던 교단이었다. 그러나 관성교는 한때 한국 관제신앙의 대표적인 교단으로 자리를 잡았었지만, 이미 역사의 무대에서 사라졌다.

4. 금강대도

금강도(金剛道)의 창시자 토암(土菴) 이승여(李承如, 1874~1934)는463) 강원도 통천군(通川郡) 답전면 포항리에서 태어났다. 그는 34세

461) Gernot Prunner, op.cit., p.97.
462) Gernot Prunner, ibid., p.97.

되던 1907년에 도를 깨치고, 1910년에는 계룡산 근처로 이주하여 자신의
가르침을 펼쳤다. 처음에는 교단의 이름도 없이 제자들을 모았으며, 당시
민간에 유행하던 관제신앙 계통의 서적을 많이 읽은 것으로 추정된다.

토암은 1917년 충북 청주군 문의면에 살던 오희운(吳熙運)과 협의하고
충남 연기군 금천리에 관성제군교 연기지부를 설치하여 지부장이 되었다.
1924년에는 충남 논산군 계룡산 신도안에 있던 일본에서 유입된 불교계
통의 진종동붕회(眞宗同朋會)와 합동하여 교세 확장을 도모했으나, 곧 금
전관계로 내분이 생겨 실패했다. 이후 1925년 8월 진종동붕회와 결별하
고 다시 관성제군교 연기지부를[464) 재흥했다.

그러나 토암은 지부장에 만족하지 않고 종래의 유불선 3교를 연구하여
"내가 옛 성인을 대신하여 성인의 교를 다시 직접 가르쳐야 한다."고 결심
하고, 1926년 6월 관성제군교 연기지부를 폐지하고 새로이 교를 창설하
여 이름을 금강도라 칭했다.[465) 이전의 관성교를 금강도(金剛道)로 고치
고, 금강불(金剛佛)을 중심으로 삼교합일(三教合一)의 교리를 제창하는
새로운 종단을 만들었던 것이다. 한편 금강도 학몽사(鶴夢祠)라는[466) 건
물에 "관성제 및 노자를 모신다."는 설명이 붙은 사진이 전한다.[467) 이때
금강도에서는 관성, 문창, 부우의 3제군(帝君)을 봉안하고, 별전(別殿)에
태상노군(太上老君)과 백성사(白聖師; 檀君)를 모셨다고 한다.

또 당시「금강도 종헌」예식일 가운데 경축일의 하나로 관성제군 탄강일

---

463) 금강산에서 도각(道覺)했다 하여 금강도사(金剛道士)라 불리기도 했다. 이강오, 『한국신흥종
    교총감』(대흥기획, 1992), 932쪽.
464) 이와 관련하여 무라야마는 1929년에 관성교 1개 지부가 충청남도에 있었고, 1930년부터는
    2개 지부가 있었는데, 신도 수가 130여 명이라고 보고했다. 무라야마, 앞의 책, 517쪽~518쪽.
465) 무라야마, 앞의 책, 313쪽~314쪽.
466) 『조선의 유사종교』에는 학무사로 기록되어 있으나, 금강도 신자들에게 확인한 결과 학몽사였다.
467) 무라야마, 앞의 책, 부록.

금강대도의 삼청보광전

이 음력 6월 24일로 적혀 있고, 대제일(大祭日)의 하나로 관성제군 승하일
이 음력 12월 7일로 적혀 있다.468)

『조선의 유사종교』에 따르면 금강도는 1924년에 1개 지부가 있었고,
1926년에는 2개 지부에 교인수가 3,297명이었다. 1929년에 2개 지부에
교인수가 11,138명으로 급증했으며, 1934년에는 4개 지부에 교인수
13,254명으로 최고조에 달했다.469)

이에 대해 이강오는 "당시 서울의 최창환470) 등이 불교의 결사로 조직
한 묘련사 일명 선음즐교에 속한 것으로 보인다."라고 주장했다.471)

---

468) 무라야마, 위의 책, 321쪽. 이외에도 창교자의 탄신일과 함께 옥황상제, 태상노군, 석가,
공자 등의 탄신일과 승하일을 기념했다.
469) 무라야마, 위의 책, 448쪽~451쪽.
470) 최성환의 오기(誤記)이다.

그런데 당시 관성제군 신앙의 중심은 관성교였고, 금강도의 첫 출발이 관성교 연기지부였다. 또 관성교에서는 문창제군과 부우제군을 모신 일이 없다. 따라서 해방 이후 금강대도에서 문창제군과 부우제군을 함께 모셨다는 점은 관성교와도 구별되는 독특한 점이다.

결국 금강도가 초기에는 관성교의 영향을 받았지만, 후대에 이르러 관제신앙의 본류를 찾다가 선음즐교와 같이 중국의 관제신앙과 비슷한 양상으로 바뀌었던 것으로 판단된다.

당시 금강도 신도들은 상제(上帝)의 화신인 교주 토암의 신권(神權)에 의해 후천지상선계조화정부(後天地上仙界造化政府)가 세워진다고 믿었다.[472] 이러한 믿음에 근거하여 2세 교주인 토암의 아들 청학(靑鶴) 이성직(李成稙, 1913~1957)이 새로 건설될 정부의 조각(組閣)까지 했다는 소문이 나돌아, 교주 이하 53명의 신도가 투옥되고 5명의 순교자까지 냈다.

해방 후에 금강도는 단군을 신앙대상으로 삼아 '단군천선금강대도(檀君天仙金剛大道)' 또는 '단군수교금강대도(檀君授敎金剛大道)'로 교명을 고쳤다.[473] 본부의 성전(聖殿)에 단군을 모시고, 거창, 진주 등의 지부에 단군전을 세우기도 했다. 그러나 주 신앙대상은 교조 토암을 태상상제(太上上帝)라는 신격이고, 단군은 민족의 시조로 숭배했다. 최근에 이르러 '단군'을 빼고 '금강대도'라고 개칭하였다.[474] 금강도의 주장에 의하면 금강불이 곧 당래불(當來佛)인 미륵불(彌勒佛)인데, 교조 토암이 곧 미륵불로 탄생하

471) 다른 기록에서 이강오는 "당시 서울에 최성환 등이 불교의 결사(結社)로서 조직한 묘련사에 속했던 것으로 보인다."라고 다시 강조한다. 이강오, 『한국신흥종교총감』(대흥기획, 1992), 1029쪽.
472) 이강오, 『한국신흥종교총감』(대흥기획, 1992), 594쪽.
473) 신도들의 주장에 따르면 일제 때에 별전에 모셨던 백성사(白聖師)가 실은 단군 국조라고 한다.
474) 이강오, 『한국신흥종교총감』(대흥기획, 1992), 426쪽~427쪽.

여 후천용화세계를 이룩할 새로운 불도(佛道)를 펼 것이라고 믿는다.

이강오의 조사에 따르면 금강도 성전 중앙에 교조 토암 내외를 모시고, 우측에 2세 교주 청학(靑鶴) 내외를 모시며, 좌측에 단군성조를 모셨다고 한다. 신도들이 조석으로 치성드릴 때 청수를 올리고 분향, 명촉, 송경, 심고를 하는데, 유교적인 복장을 갖추고 불교적인 목탁과 염주를 사용하여 선교적(仙敎的)인 주송인 「관성제군보고」를 주로 외운다고 했다. 이 치성에 의해 현세의 재겁을 면하고 후천지상선계의 개벽에 참여할 수 있다고 믿었다.475) 이처럼 이강오가 조사할 당시까지도 금강도에서는 「관성제군보고」가 대표적인 주문으로 사용되었다.476)

초기 금강대도의 신앙대상을 밝힌 것으로 추정되는 「십성보고(十聖寶誥)」에 옥황대천존주(玉皇大天尊主), 태청도덕천존주(太淸道德天尊主), 태을구고천존주(太乙救苦天尊主), 상청영보천존주(上淸靈寶天尊主), 뇌성보화천존주(雷聲普化天尊主), 옥청원시천존주(玉淸元始天尊主), 금궐화신천존주(金闕化身天尊主), 삼계복마대제원진천존관성제군님(三界伏魔大帝遠鎭天尊關聖帝君任), 구천보원개화주재칠곡영응문창제군님(九天輔元開化主宰七曲靈應文昌帝君任), 옥청내상금궐선선순양조사부우제군님(玉淸內相金闕選仙純陽祖師孚佑帝君任) 등이 열거되어 있다.477) 그러므

---

475) 이강오, 『한국신흥종교총감』(대흥기획, 1992), 934쪽.
476) 이강오가 언제 금강대도를 조사했는지는 시점을 밝혀 놓지 않아 현재로서는 알 수 없다. 그러나 금강대도에서는 최소한 30여 년 전부터 관제신앙을 하지 않았다는 신자들의 증언과 이강오가 신종교에 관심을 가지기 시작한 것이 1965년 이후라는 점을 고려할 때, 이 조사는 1960년대 후반에 이루어진 것으로 보아야 할 것이다.
477) 금강대도도사편찬위원회, 『금강대도보경(金剛大道寶經)』(금강대도총본원, 1985), 36면~37면. 38쪽에 "삼계(천계, 지계, 인계)에 마귀를 굴복시키는 대제님, 멀리 만민을 진무하시는 천존 관성제군님, 구천에 원을 도우사 개화를 맡으시고 칠곡(칠성)의 영웅을 맡으신 문창제군님, 옥청궁에 내상이 되시고 금궐 안에 빼어난 신선이 되시어 순전한 양이신 조사 부우제군님"이라고 풀이하고 있다.

로 금강도는 도교적 신격을 주로 모셨고, 특히 관성제군, 문창제군, 부우제
군을 신앙했다는 점에서 선음즐교의 영향을 반영하고 있다고 판단된다.

또 금강도에서 사용하는 보신익화주(保身益化呪) 끝부분에 "복마관대
제(伏魔關大帝)는 여율령합륵등측(如律令哈嘞)이라."는 구절이 있다.[478]
그리고 「성원경(成願經)」에도 "삼성제군내조아(三聖帝君來助我)"라는 구
절이 보인다.[479]

한편『금강대도 보경』에는 특별한 이름을 붙이지 않은 「보고(寶誥)」라
는 제목으로 「관성제군보고」가 수록되어 있다.[480] 이 「관성제군보고」는
원래 중국에서 쓰여진 것으로, 원문은 다음과 같다.

太上神威, 英文雄武, 精忠大義, 高節淸廉, 協運皇圖, 德崇演敎. 掌儒釋道
敎之權, 管天地人才之柄, 上司三十六天星辰雲漢, 下轄七十二地土壘幽酆.
秉注生功德, 延壽丹書, 定生死罪過, 奪命黑籍. 考察諸佛諸神, 監制羣仙羣
職, 德圓妙果, 無量度人, 萬靈萬聖, 至上至尊. 伏魔大帝, 忠義神武, 靈佑關
聖帝君, 大悲大願, 大聖大慈, 眞元顯應, 昭明翊漢天尊.[481]

(관성제군께서는) 최고의 신령스러운 위엄을 지녔고, 뛰어난 文德과 웅대한
武功을 갖추셨으며, 오롯한 충성과 크신 의리, 고결한 절개와 깨끗한 염치로서,

---

478)『금강대도 보경』, 42쪽~43면. 합륵등측은 "시행한다"는 뜻이라고 풀이했다.

479)『금강대도 보경』, 49면.

480)『금강대도 보경』, 58쪽~60쪽. 그리고 60쪽~65쪽에는 「문창제군보고」와 「부우제군보고」
도 수록되어 있다.

481) 「關帝全書」卷33,『關帝文獻匯編』7권, 226面~227面. 똑같은 내용이 "志心仮命禮"라는 구절
뒤에 기록되어 있다. 540면. 또 543면과 545면에는 "昭明翊漢天尊"을 두 구절마다 끝에 붙인
것도 있다. 그리고 582면과 625면에는 몇 글자가 차이가 나지만 거의 유사한 내용이 기록되어
있다. 한편「관제전서」권36에는 "太上神威三界伏魔武帝昭明翊漢天尊殿下"로 시작되는 覺世懺文
이 있다. 「關帝全書」卷33,『關帝文獻匯編』7권, 535面.

황실의 계획에 맞게 운용하시어, 덕을 숭상하고 교화를 널리 베푸셨습니다.

儒佛道 三敎의 권세를 장악하고, 天地人 三才의 근본을 맡아 다스리며, 위로는 36洞天의 별과 은하수를 지키고, 아래로는 72福地의 토지신과 물귀신을 지배하십니다.

생명을 부여하는 功德을 관장하시어 丹書로써 수명을 늘려주시고, 생사를 판별하는 죄와 허물을 결정하시어 검은 장부(블랙리스트)로써 목숨을 빼앗으십니다.

여러 부처와 여러 신들을 조사하고, 뭇 신선과 많은 직관들을 감찰하시며, 원만한 덕성과 오묘한 결과로써 한량없이 사람들을 구제하시니, 萬靈과 萬聖 중에 가장 높으시고 지극히 존귀하십니다.

마귀를 복종시키는 大帝요, 忠義와 神武로 신령스럽게 도움을 주시는 關聖帝君께서는, 매우 자비롭고 소망스러우시며 크게 성스럽고 인자하시며, 진리를 드러내고 근원에 응하여, 환히 나타나셔서 漢나라를 도우신 天尊이십니다.

『관제전서(關帝全書)』 권9에는 위의 인용문을 여조(呂祖)가 한 구절씩 자세하게 해석해 놓았다는 내용이 전한다.[482]

그런데 1880년에 우리 나라에서 간행된『관성제군보고(關聖帝君寶誥)』에는[483] 덕숭연정(德崇演正), 병주(秉註)라고 기록되어 있고, 군선(羣仙) 다음에 군직(羣職)이 빠져 있고, 덕원(德圓) 대신에 고증(考證)이라고 적혀 있고, 정(定)과 사(死) 사이에 생(生)이 빠져 있고, 만령만성(萬靈萬聖)을

---

482) 「關帝全書」 권9, 『관제문헌회편(關帝文獻匯編)』 5권(國際文化出版公司, 1995), 640面~645面.
483) 목판본 1책으로 발행지와 발행처가 불분명한 호남대 중앙도서관 한적실 소장본이다. 첫 장에 「관성제군보고」가 있고, 「각세진경(覺世眞經)」「구겁문(救劫文)」「부대연구(附對聯句)」「영험기(靈驗記)」「교유문(敎諭文)」「배심성훈(拜心聖訓)」 등이 한문으로 적혀 있고, 뒤쪽에는 한글로 풀이했다.

지령지성(至靈至聖)으로 적었고, 복마(伏魔) 앞에 삼계(三界)를 덧붙였다. 또 복마대제와 관성제군 사이에 "충의신무(忠義神武) 영우(靈佑)"가 빠져 있다.

한편『조선도교사』에는 덕숭연교(德崇衍敎)라고 적혀 있고, 만성(萬聖) 다음에 지상(至上)과 복마대제와 관성제군 사이에 "충의신무(忠義神武) 영우(靈佑)"가 빠져 있다. 그리고 현응(顯應)이 현화(顯化)로 적혀 있고, 소명(昭明) 다음에 글자가 한 자 빠졌다고 기록되었고, 익(翊) 다음에 한 (漢)이 빠져 있다.484)

이를 이종은은

"관성제군의 호는 태상이시다. 신위(神威)는 영문웅무하여 정충대의하시고, 고절청렴하시어 운을 타서 황실을 도우시고 덕이 높아 교를 펴서 유석도의 교권을 잡으신다. 천지인 삼재의 지휘권을 관장하사, 위로는 36천의 성신과 운한을 맡으시고, 아래로 72지의 토루와 유풍을 관할하신다. 주생공덕연수단서를 잡고 생사죄과탈명흑적을 정하고, 제불과 제신을 고찰하며, 군선과 군직을 감시하여 덕이 묘계에 가득하고, 한없이 인간을 제도하시는 만령만성지존 복마대제 관성제군이시며, 대비대원 대성대자 진원현화 소명익한천존이시다."

라고 풀이했다.485)

그런데 금강대도의「보고」에는 "협운연정(協運演正)", "병주생공덕연수

484) 이능화,『조선도교사』, 488쪽.
485) 이능화, 앞의 책, 317쪽.

단서집(秉註生功德延壽丹書執)"으로 적혀 있고, "정사죄과(定死罪過)"에서
생(生)이 빠졌고, 고찰제신(考察諸神)에서 제불(諸佛)이 빠져 있으며, 감
제군선(監制羣仙) 다음에 군직(羣職)이 빠져 있다. 또 "고증묘과(高證妙
果)", "지령지성(至靈至聖)"으로 적혀 있고, 복마대제 앞에 삼계(三界)를
추가했고, 충의신무 영우를 뺐다. 관성제군 다음에 임(任)을, 천존 다음에
주(主)를 덧붙였다.

위의 「보고」를 금강대도에서는

　　가장 높으신 신명의 위엄이 영특하신 문장이오, 웅장하신 무예이시며, 정일하
신 충성이오, 정대하신 의리며, 높으신 절개요, 맑으신 염치라. 황도에 협조하여
운하시고, 덕이 밝은 것을 넓게 하는데 높으시사, 유와 불과 선 삼교의 권을
맡으시고, 천과 지와 인 삼재의 자루를 관리하시며, 위로 삼십육천 하늘의 성신과
운한을 맡으시고, 아래로 칠십이지 땅의 토류와 유풍을 관할하시며, 사는 것을
주내는 공덕과 수명을 연하는 단서를 잡으시고, 죽음을 정하는 죄과와 생명을
뺏는 흑적을 잡으사, 여러 신명을 고찰하시고 모든 신선을 감제하시며, 묘과를
높이 증명하사 한량없이 사람을 건지시니, 지극히 신령하시고, 지극히 성스러우
시며, 지극히 위가 되시고, 지극히 높으신 삼계복마대제 관성제군님, 크게 슬퍼
하시고 크게 원하시며, 크게 성스러우시고 크게 사랑하사, 진원하게 응험을 나타
내시고, 소명하게 중생을 도우신 천존주[486)

라고 풀이했다.

이 밖에도 토암의 가르침을 일부 번역한 『성훈통고(聖訓通攷)』[487)에

486) 『금강대도 보경』, 59쪽~60쪽.

관제에 대한 언급이 있다. 토암은 도원결의에 대해 말하면서 결의(結義)를 하려면 관우를 본받으라고 했고,[488] 아들이 없는 제자에게 "관성제군에게 치성을 올려라."고 명하여 아들을 얻게 했다. 그리고 1927년에 토암은 병을 앓는 제자를 고치기 위해 또 다른 제자를 보내어 도담(道談)도 하고 『명성경(明聖經)』을 외우게 했다.[489] 나아가 토암은 "너희들의 선악이 다 복마관제(伏魔關帝)에 관련되어 있다."는 말도 했으며,[490] 제자들에게 "관성제군은 인간의 선악을 장악한 신명이라. 존엄하고 신위(神威)하니, 더욱 조심하여 정결(精潔)하면 복록이 무량하리니 경계하라."고 가르쳤다.[491]

금강대도에서 편찬한 『도덕가(道德歌)』는 토암이 지은 160여 쪽의 방대한 가사 모음집이다. 이 가운데 관우에 대해 언급한 부분은 "도덕군자 차례차례, 선악분별 무섭구나. 관공(關公) 장공(張公) 앞장커든 문부이제(文孚二帝) 뒤따르니, 천지신명 그런고로 무섭구나."라는 구절이 유일하다.[492] 여기서 관우는 장비와 함께 문창제군과 부우제군을 거느리는 신격으로 나타난다.

그런데 「해후상봉장(邂逅相逢章)」의 내용에 "경천지(敬天地), 예신명(禮神明), 봉조선(奉祖先), 효쌍친(孝雙親), 수국법(守國法), 별부부(別夫婦), 애형제(愛兄弟), 교향린(交鄕隣)" 등의 용어가 보인다.[493] 이는 『각

---

487) 금강대도 교화교무원, 『성훈통고』(금강대도 교화교무원, 2000)

488) 『성훈통고』, 45쪽~46쪽.

489) 『성훈통고』, 86쪽.

490) 『성훈통고』, 105쪽.

491) 『성훈통고』, 111쪽.

492) 『도덕가』에는 공자, 노자, 석가모니, 태상노군, 관음보살, 아미타불 등이 자주 언급되며, 삼청(三淸), 과화존신(過化存神), 『황정경(黃庭經)』 등도 가끔 언급된다. 금강대도 도사편찬위원회, 『금강대도 도덕가』 중판(금강출판사, 1986)

493) 금강대도 도사편찬위원회, 위의 책, 43쪽~44쪽.

금강대도의 관제초상화

세진경』에 이미 나오는 내용이다.494) 이를 통해서도 금강도에 미친 관제
신앙의 영향이 명백히 확인된다.

　그리고 『도덕가』의 부록에 제자 김도명(金道明)이 찬한 「찬도가(讚道
歌)」가 있는데, 첫머리에 "옥제(玉帝)의 명을 받아 태상노군(太上老君) 주

---

494)『각세진경』에는 수왕법(守王法), 화향린(和鄕隣)으로 되어 있고, 중사존(重師尊), 신붕우(信
　　朋友), 목종족(睦宗族), 교자손(敎子孫)이 추가되어 있다. 물론 금강대도의 가사에도 이러한 내용
　　이 있지만, 똑같은 용어는 보이지 않는다.『각세진경』에는 각 항목에 대한 공과격(功過格)이
　　덧붙여져 있다.「각세진경보주(覺世眞經補註)」,『관제문헌회편(關帝文獻匯編)』6권 관제전서(關
　　帝全書) 권18(國際文化出版公司, 1995), 263面~271面.

편(主便)하고 삼성제(三聖帝) 개화(開化)하야 현녀존신(玄女尊神) 음덕으로"라는 구절이 보인다.495)

1997년의 조사에서는 금강대도의 본부 건물인 삼종대성전(三宗大聖殿)에 신앙대상이 모셔져 있는데, 중앙에 만법교주 내외와 동화교주 내외 즉 제1세 교주와 제2세 교주 부부를 모시고 있다고 보고했다. 또 그 좌측에는 단군 국조를 모셨고, 우측에는 태상노군을 그린 화상이 있고, 관성제군과 그를 둘러싼 문창제군과 부우제군이 함께 그려진 화상을 모셨다고 보고했다.496) 그러나 금강대도에서는 2001년 음력 5월에 새로 건물을 세워 삼종대성전이라 이름짓고 창교자 부부와 제2대 교주 부부의 영정만을 따로 모셨다. 신도들은 이들을 각각 대성사부(大聖師父), 도성사부(道聖師父)로 부르며 미륵불의 현신으로 믿는다.

원래의 삼종대성전은 삼청보광전(三淸寶光殿)으로 이름을 바꾸었는데, 그 곳 2층에 관제의 화상이 모셔져 있다. 현재 금강대도에서는 관성제군은 충(忠), 문창제군은 효(孝), 부우제군은 성경(誠敬)을 상징하는 성현으로 숭배하고 있으며, 이들 삼성제군을 창교자 부부를 존칭하는 '건곤부모님'을 보좌하는 '보좌신명'으로 믿는다.

5. 무량천도

무량천도의 창시자 월경(月鏡) 김진하(金振河, 1903~1962)는 충북 청원군 가덕면 국전리에서 출생했는데, 일찍이 부모를 잃고 가난으로 인

---

495) 금강대도 도사편찬위원회, 위의 책, 157쪽.
496) 김홍철, 유병덕, 양은용, 앞의 책, 393쪽.

해 학교교육도 받지 못했다. 그는 16세 때부터 입산수도하며 전국의 명산을 찾아 유랑했다. 내성적인 성격에 건강한 신체를 지녔던 월경은 6남매를 두고 농사에 종사하다가, 한때 이승여(李承如)가 창교한 금강도에 드나들었다.[497] 그 후 월경은 천지신명(天地神明)에게 기도하던 중 경문(經文)을 받아 1945년 3월 21일 충남 논산군 두마면 부남리에서 무량천도를 창교했다. 그는 관우(關羽)의 고덕(高德)으로 중생을 구하고자 했으며, 인류가 완폐(頑廢)하고 국운이 쇠퇴하는 것이 한탄스러워 개교했다고 주장했다.

이에 대해 무량천도의 창시자 김진하가 1945년에 관우의 영감을 받는 종교체험을 했고, 관성교라는[498] 이름으로 창교했다는 보고도 있다. 이후 월경은 1947년에 계룡산 신도안 부남리에 본부를 창설하고 무량천도로 이름을 바꾸었다.[499] 관제신앙에서 출발했지만 점차 다른 신격이 추가된 사실은 교단명이 관성교에서 무량천도로 바뀐 사실에서 확인할 수 있다.[500]

한편 1955년 8월에 계룡산 신도안을 조사한 보고서에[501] 따르면 1,086세대 5,682명의 인구 가운데 관성교 신도는 7세대에 불과하다.[502] 보고서에 의하면 무량천도는 관우숭배 이외에 제갈량, 유비, 장비도 함께 숭배한다고 했다. 이 교단의 특징은 관우의 입체(立體) 초상을 봉안했고,

---

497) 문화공보부, 위의 책, 380쪽.
498) 흔히 관성묘(關聖廟)로 알려졌다. 이길구, 『계룡산』(도서출판 대문사, 1996), 117쪽.
499) 이경선은 관성교와 무량천도를 혼동했으며, 무량천도의 주문을 관성교의 주문으로 착각했다. 이경선, 앞의 글, 52쪽~53쪽.
500) Gernot Prunner, op.cit., p.52.
501) 최재석, 「신앙촌락의 연구」, 『아세아연구』 2권 1호(고려대학교 아세아문제연구소, 1959), 144쪽.
502) 최재석, 위의 글, 156쪽. 상제교 272세대, 불교 72세대, 기독교 31세대, 태을교 10세대, 유교 9세대, 일심교 7세대 순이다.

이층 건물인 별관 아래층에 옥황상제와 지신(地神)의 초상화를 안치하여 신앙대상으로 삼았으며, 별관 이층에는 중앙 정면 벽에 남자 모습의 천신(天神)과 부인 모습의 사두칠성(四斗七星)을 그려 놓고 숭배대상으로 했다. 또 무량천도는 1945년에 설립되었고, 관제에 대해서는 4배, 천신, 지신, 옥황상제에 대해서는 각각 6배를 했다.503)

무량천도의 관성묘

그리고 각 신자들의 가정에는 후원의 적당한 곳에 2~3척의 석축(石築)을 쌓고 일출 전과 일몰 후 2차례씩 청수를 올리고 신앙대상에게 심고(心告)한 후, 오방배례(五方拜禮), 동북간(東北間)을 향하여 12배, 천신, 지신, 각 성인 그리고 자기가 숭배하는 위인에게 심축(心祝)하고 동남서북방을 향해 차례로 각 9배, 다시 남방을 향해 자기 소원을 기원한다고 보고했다.

당시 무량천도 신도들은 예배할 때 주문을 외웠는데, 다음과 같다.

천부천황(天父天皇) 옥황천존(玉皇天尊) 상제님(上帝任) 사두성군(四斗星君) 원응달아(遠應達我)504) 조심무궁인(造心無窮人) 36송(誦)

태을천모(太乙天母) 지령지존(地靈地尊) 지황님(地皇任) 팔도명산(八道名山) 신령합(神靈合) 원응달아(遠應達我) 조심능(造心能) 28송

503) 최재석, 위의 글, 159쪽.
504) 현재 교단에서는 "달응달아"로 외운다. 오기(誤記)일 가능성이 높다.

삼계복마대제신위원진천존관성제군(三界伏魔大帝神威遠鎭天尊關聖帝
君)505) 28송

천사천사(天師天師) 일월천사(日月天師)506) 소소명명(昭昭明明) 와룡선
생(臥龍先生) 21송507)

그리고 이 교단에서는 음력 3월 3일과 9월 9일을 대제일(大祭日)로
정했는데, 많은 음식물을 올리고 제례를 행하며, 성미(誠米) 또는 성금을
바친다고 보고했다.

무량천도는 교조 생존시에는 전국 각지에서 수많은 신자들이 몰려와

무량천도의 관성제군 소상

대번창을 이루었다고 한다. 교조가 받은 경
문은 천하통일운수와 통천하(統天下) 운수
가 미구에 우리 나라에 돌아와 전 세계를 통
일연합하게 될 것이기 때문에 그 막중한 임
무를 수행하라는 내용이었다고 전한다.

교세가 날로 번창하는 가운데 1962년 3월
3일 창교자 월경이 갑자기 사망하자, 그의
제자인 김종팔(金鍾八, 1912~1985)이 2세
교주로 교통을 계승했다. 김종팔은 충남 조치
원에서 태어났고, 농업학교 출신이었다.

1969년의 조사에 따르면 무량천도는 "관
성계(關聖系) 신흥종교"로 분류되며, "관성

---

505) 원진이 논문에는 "원진(元眞)"으로 적혀 있는데, 명백한 오기이므로 바로잡았다.
506) 현재 교단에서 외우는 「와룡선생보고(臥龍先生寶告)」에는 백월천사(白月天師)라고 적혀 있다.
507) 최재석, 위의 글, 160쪽.

교(關聖敎(무량천도(無量天道)))"로 불렸다.508) 당시 조사에서 이미 무량
천도 본부는 "빈 집같이 한산하다."고 했으며, 신도 수는 남자 111명 여자
350명이라고 보고했다.509) 신앙대상은 관운장(關雲長) 즉 관성제군(關
聖帝君), 천부천황(天父天皇), 상제(上帝), 사두성군(四斗星君), 지황(地
皇), 산왕대신(山王大神), 사해용왕(四海龍王), 와룡(臥龍), 백월천사(白
月天師), 신장(神將), 태을천모(太乙天母) 등이며, 유현덕(劉玄德), 제갈
량(諸葛亮), 장비(張飛), 공자, 노자, 예수, 불타, 단군도 숭배한다고 보고
했다.

또 관성묘(關聖廟)에 관우의 조상(彫像)이 있었고, 천단(天壇) 또는 천강
전(天降殿)이라고 불리는 곳에 예수, 공자, 노자, 불타의 4성인의 초상이
모셔져 있었으며, 상제상(上帝像)은 벽에 걸려 있었고, 지단(地壇)에는
지황(地皇) 천모상(天母像)을 가운데 두고 좌우로 팔도명산(八道名山)
의510) 산신령(山神靈)들의 초상이 봉안되어 있었다고 보고했다. 교도들은
삼강오륜(三綱五倫)을 굳게 지키기 위해 관운장의 힘을 빌린다고 믿었다.

당시 무량천도의 경전으로는 『경문(經文)』, 『관성제군명성경』, 『관성
제군첨고(關聖帝君籤考)』가 있었으며, 5대 기도행사가 정기예배였는데 2
월 5일, 3월 1일, 5월 5일, 7월 7일, 10월 15일이었다. 그런데 "관성(關聖)
에 4배하고, 산신령과 옥황상제에 각각 6배한다."는 내용으로 볼 때511)

---

508) 문화공보부, 『한국신흥및유사종교 실태조사보고서(1969~1970)』(1970), 380쪽.
509) 문화공보부, 위의 책, 381쪽~382쪽. 교단의 대표인물로 장창환(張昌煥), 선우 복(鮮于 復),
　　고대웅(高大雄) 등을 거론했다. 당시 신도들은 교주 김종팔이 무형계(無形界)를 통찰하는 영안자
　　(靈眼者)이고, 선우 복(鮮于 復)이 태극 음양의 명리자(明理者)이며, 장창환(張昌煥)은 도참자(圖
　　讖者)라고 믿었다. 따라서 신도들은 이들을 믿고 치성을 드리면 득도하여 신명과 통할 수 있다고
　　여겼다. 이강오, 앞의 책, 939쪽.
510) 문화공보부, 위의 책, 383쪽. 팔도명산은 묘향산, 구월산, 백두산, 태백산, 금강산, 계룡산,
　　지리산, 한라산, 속금산, 삼각산 등이다.
511) 문화공보부, 위의 책, 386쪽.

이때 이미 관성제군의 위상이 산신령보다 떨어졌던 것을 알 수 있다.

한편 1969년의『주간조선』기사를[512] 보면 "무량천도는 관우장군을 필두로 유현덕과 장비를 별도로 모셨는데, 별채로 된 2층 건물의 위층인 천단(天壇)에는 옥황상제를 중심으로 좌우에 예수, 석가여래, 노자, 공자의 초상을 모셨고, 아래층인 지단(地壇)에는 우리 나라 8도(道)의 산신(山神)을 모셔놓았다."고 했다.

이에 대해 기자는 "파워(힘)라고 인정되는 것은 무엇이든지 믿는 원시종교의 형태와, 다른 나라에 비해 외래의 이질적 종교가 큰 마찰이 없이 토착화할 수 있었던 우리 종교 풍토의 일면이 엿보인다."라고 평가했다. 또 기자는 무량천도에서 모신 중요한 신격(神格)이 모두 외래된 것이라는 점이 독특하다고 지적했다. 그는 우리 민족을 대표하는 신격이나 신장들이 전혀 모셔져 있지 않다는 점에 주목하고, 계룡산의 다른 신종교들과 뚜렷이 구별된다고 보았다.

이밖에도 기자는 무량천도의 특징이 "국민의례준칙이 시행되기 전부터 3달만에 탈상하고, 제단에는 청수(淸水) 한 잔만 올리는 등, 의식면에서 개화되어 있다."고 지적했다. 여기서 무량천도의 의례가 일반적인 한국종교 교단들의 의례와 달리 매우 간소한 형태로 이루어졌었음을 알 수 있다. 대부분의 관제(關帝)를 모신 교단이나 무속의례에서는 술과 고기 등 여러 가지 음식을 갖추어 제를 드리는 것이 보통이다.

또한 기자는 관리인인 김종명(金終明, 53세) 여인이 "교주의 유언에 따른 것 뿐인데, 실제로 그렇게 되어 가고 있으니 정말로 앞을 내다 보신 분이 아닌가 한다."는 말을 적어, 당시 교인들이 현실적으로 각종 의례가

---

512) 박광성,「계룡산의 낮과 밤 - 아폴로시대의 이방(異邦) 신도내(新都內)를 가다」,『주간조선』
    제41호(1969년 8월 3일자), 14쪽~15쪽.

간소하게 규제되는 정부시책 실시를 교주의 미래예언으로 믿고 있음도
소개했다.

한편 이 기사에서 기자는 계룡산 신도안에 있는 대부분의 신종교 교인
수가 대략 20명에서 30명 정도에 불과하다고 말하며, 교단 이름을 68개나
나열하고 있다. 이 기록에도 무량천도라는 교단명은 보이지 않고 관성교
라는 교단명만 있다. 이는 기자가 앞에서 "무량천도(관성교)"라고 표현한
것과 함께, 당시 무량천도라는 교단명보다는 일반적으로 관성교라는 교단
명이 더 익숙하게 사용되었고 알려졌었다는 사실을 반영한다.

1970년대 초까지만 해도 신도안에는 891세대 5,052명이 살았다. 그러
나 국립공원 계룡산 자연정화정책의 실시로 1975년 8월 1일부터 12월
31일까지 많은 신흥종교 교단이 철거되었고, 1983년 8월 1일부터 1984
년 6월 30일까지 시행된 이른바 6·20 재개발사업으로 신도안 주민의
70% 이상이 대전과 논산지역으로 이주했다.513)

1975년 무렵에 신도안을 중심으로 있었던 신흥종교 교단 수는 104개에
달하며, 이 가운데 무량천도를 선도적(仙道的) 종교단체로 본 보고가 있는
데,514) 당시 신도 수가 35명으로 조사되었다.515) 무량천도가 계룡산
신도안에 있을 때 오존천사(五尊天師)로 최수운, 김일부, 강증산, 이토암
(금강대도 창교자), 김월경(무량천도 창교자)을 영정으로 모셨던 시기도
있었다고 전한다.

그런데 1976년에 대전에 무량천도의 별관으로 관성묘가 세워졌던 사진
자료와516) 계룡산에 있는 무량천도 본부 건물 사진도 있다. 여기서 대전

---

513) 이대길, 앞의 책, 17쪽, 71쪽.
514) 이대길, 『신도고사(新都故史)』(신도향우회, 1994), 60쪽~62쪽. 선도적 종단으로 삼신당,
　　천지대안교, 천도교, 증산교, 단군교 등을 언급한다.
515) 그런데 같은 책 63쪽에서는 불교적 종교집단으로 분류해 놓고 신도 수가 15명이라고 했다.

의 관제상은 좌상으로 모셔져 있다고 보고했다. 따라서 적어도 1976년경
에 대전에도 지부가 있었던 것으로 추정된다.

그런데 프루너가 1978년에 무량천도 본부를 방문했을 때 무량천도는
부남리에서 신도안 중심지 근처로 옮겨 새 성전을 건립하고 있었다고 한
다. 이때부터 무량천도의 신앙대상이 천제〈天父天皇玉皇天尊上帝任〉와 곤
모〈太乙天母地靈地尊地皇任〉로 바뀌었고, 다른 신격들에 대한 숭배는 금지
되어 화상이나 상이 태워졌다.[517] 따라서 관제상(關帝像)도 대전의 관왕
묘에서 철거되었고, 이 별관은 이후 집회장소로만 사용되었다. 이러한
변화에 대해 프루너는 "신도안 같은 곳의 치열한 종교적 경쟁 환경에서
신도들을 결속시키기 위해서였을 것"이라고 보았다.[518]

1970년 후반 무량천도의 신도 수는 15명이고 "교리는 단군 계통이며,
정의의 성웅(聖雄) 관운장을 위하여 정심수양(正心修養)하는 교단"이라는
보고도 있다.[519] 여기에는 "1945년 9월 25일 김진하(金振河)가 천지신명
에게 기도하던 중 경문(經文)을 받아 관성교라는 이름으로 창교하였다.
그 후 1962년 그가 사망하자 그의 제자 김종팔(金鍾八)이 2대 교주로
교통을 계승하였다. 신앙대상은 여덟 신이 있다. 관운장, 천부천황, 상제,
사두성군(四斗聖君), 지황산왕대신(地皇山王大神), 사해용왕, 와룡신장,
태을천모이다."라 했다. 그리고 신도들은 "모든 인간이 예의도덕과 삼강오
륜을 지키게 되면 지상천국을 건설하게 된다."고 믿는다고 설명했다. 무량
천도가 지상천국 건설은 유가적 덕목의 실천과 구현으로 가능하다고 주장
했던 점이 확인되었다.[520] 그런데 이 보고자가 무량천도를 단군 계통의

---

516) Gernot Prunner, op.cit., p.52.
517) Gernot Prunner, op.cit., p.57.
518) Gernot Prunner, op.cit., p.57.
519) 이대길, 앞의 책, 68쪽. 김덕종, 「계룡산 신도안 신흥종교 실태조사서」를 참조한 것이다.

신앙으로 본 점이 독특하다.

또 1983년부터 실시한 신도안내 주민 이주사업인 620사업으로 "무량천도교(無量天道敎)가 논산군 두마면 부남리 744번지에서 대전시 대사동 172번지로 이전했다."는 증언이 있다.521)

한편 이강오는 무량천도의 신앙대상이 관운장, 천부천황 상제, 사두성군(四斗聖君), 지황, 산왕대신, 사해용왕, 와룡신장(臥龍神將, 白月天師), 태을천모(太乙天母)라고 보고했다.522) 그리고 이 교단에서는 인간은 영과 육으로 된 존재로서 그 운명은 천수천명대운(天數天命大運)에 의해 주관된다고 보았으며, 경전은 교조가 기도 중에 받은 『경문(經文)』과 『관성제군명성경』, 「관성제군참고(關聖帝君籤考)」가 있다고 보고했다. 다음은 이강오의 보고내용 가운데 중요한 부분이다.

　　무량천도의 신행은 선정(禪定)과 영(靈) 공부에 의하는데, 득도하기 위한 수련공부로서 주송수련과 치성기도가 있다. 주송수련은 경전의 내용을 주문처럼 독송하는 것이고, 치성기도는 천단이나 성묘(聖廟), 석단(石壇)에서 아침 9시와 밤 9시에 행한다. 이때 단에 청수그릇과 향로를 놓고, 옥수(玉水), 향, 과일 등의 음식을 진설한다. 진설이 끝나면 각 신상(神像)에 심고(心告)한다. 그리고 나서 오방배례(五方拜禮), 동북간(東北間)으로 12배 한 다음 천신, 지신, 각 성인(聖人)에게 심축(心祝)하며, 그 후 동남서북에 차례로 각각 9배를 한다. 그 다음에 남방을 행해 개인의 소원을 빈다.

---

520) 이대길, 위의 책, 80쪽.

521) 이길구, 『계룡산』(도서출판 대문사, 1996), 131쪽. 이 보고에서 교주 김종팔(金鍾八)의 생년월일이 1911년 7월 26일로 되어 있고, 신도 수가 15명으로, 교리는 "단군계통이며, 정의의 성웅(聖雄) 관운장을 위해 정심수양(正心修養)"하는 단체라고 설명한다. 그러나 보고자는 뒷부분에서 무량천도를 무속(巫俗)과 관련있는 신흥종교로 보기도 했다.

522) 이강오, 『한국신흥종교총감』(대흥기획, 1992), 939쪽.

이때 「천황경」 36송, 「지황경」 28송, 「성제십육자보고」 28송, 「와룡선생보고」를 21송 하고, 관성제군에게 4배를 올린 후, 산신령과 옥황상제에게 각각 6배례를 한다. 그리고 교주는 법복을 착용하고 치성을 집제한다.

또 이강오는 무량천도가 교주를 대표로 하여 운영부와 교화부가 있고, 신도는 주로 광주, 대전, 부여에 많이 분포되어 있다고 보고했다. 그리고 대전시 대사동에 있는 본부는 김창환이 이끌고 있으며, 주로 부녀자를 상대로 포교활동을 벌이며, 도통에 의한 현세이익을 강조하기도 하고 치병을 강조하기도 한다고 했다.[523]

나아가 이강오는 무량천도는 2대 교주 김종팔이 1985년에 사망한 다음 잠시 공백기로 있다가, 3대 교주 최성옥, 4대 교주 선우 협을 거쳐, 현재는 6대 교주 임규례(여, 1927~현재)가 교단을 맡고 있다고 보고했다. 또 그는 신도들이 신도안에서 나올 때 받은 보상금으로 대전시 대사동에 500여 평의 땅을 매입하여, 현대식 건물로 무량궁(법당)을 비롯한 부속건물을 지었다고 했다. 어쨌든 이강오는 "무량천도(관성교)"라고 표현하여 관성교의 다른 분파로 보았다.[524]

한편 1969년의 조사에서 '관성교와 무량천도'의 대표자는 선우창룡(鮮于蒼龍)이었다.[525] 그런데 1974년에는 김용팔의 교단과 함께 논산군 두마면 부남리 3구의 선우 복(鮮于 復), 대전시 대사동의 장창환(張昌煥) 등의 대표가 언급되어 있어서 무량천도가 3개 교단으로 분파되었음을 알 수 있다.[526] 1980년의 조사에도 여전히 김용팔, 선우 복, 장창환 세 사람

---

523) 이강오, 『한국신흥종교총감』(대흥기획, 1992), 940쪽. 김창환은 장창환의 오기인 듯하다.
524) 이강오, 『한국신흥종교총감』(대흥기획, 1992), 938쪽.
525) 이강오, 위의 책, 1537쪽.
526) 이강오, 위의 책, 1550쪽. 김종팔의 오기인 듯하다.

무량천도 본부 입구(2003년)

이 무량천도의 대표자로 기록된다.527)

1985년 조사에서는 무량천도는 교주 김종팔이 세상을 떠난 후 교세가
급격히 약화되었고, 당시 전국 100여 명의 신도들은 대부분 비사들이며,
본부는 대전에 있고, 대전, 서울, 광주, 부산, 전주, 부여에 6개의 지부가
있다고 보고했다. 그리고 5월 5일과 10월 15일의 총회 때 본부에 모여
종단 운영에 대한 사항을 결정하며, 신도 수는 남자 11명, 여자 350명이라
고 보고했다.528)

그 후 1986년 조사에서는 김진아가 대표자로 추가되었고,529) 1992년
조사에는 교단명이 '무량천도'라고만 기록했다.530)

527) 이강오, 위의 책, 1566쪽.
528) 『한국신종교 실태조사보고서』(한국종교학회, 1985), 643쪽.
529) 이강오, 앞의 책, 1585쪽.

또 1997년의 조사에서는 무량천도의 대표가 임규례(여)로 교당 수는
6개소이며, 신도 수는 100여 명이라고 했다. 그리고 이 조사에 따르면,
무량천도의 신앙대상은 관운장(關雲將)과 천부천황(天父天皇)이며, 천신,
지신, 산신, 영, 영웅, 성자(노자, 공자, 맹자, 예수, 부처), 단군 등도
받든다고 했다. 나아가 무량천도에서 관운장의 신명을 주신으로 모시는
이유는 "관운장의 위엄신(威嚴身)을 봉안하고 지극한 정성으로 받들면,
관운장의 신명이 현몽하여 길흉화복을 미리 알게 된다고 믿는다."고 보고
했다. 또 무량천도에는 2월 5일, 3월 1일, 5월 5일(단오), 7월 7일(칠석),
10월 15일에 행하는 5대 정기예배가 있다고 보고했다.

무량천도의 창교자 김진하는 금강대도를 창교한 이승여의 신도였다.
따라서 금강대도와 무량천도는 관우에 대한 일정한 의례가 있고『명성경』
을 경전으로 삼는다는 2가지 공통점이 있다는 주장이 있다.[531]

무량천도는 대전시 중구 대사동 172번지에 그대로 있었다. 입구 정문
위에 '무량천도본부'라는 동판 글씨가 적혀 있고, 정문 우측에는 '무량천도
대전지부'라는 현판이 걸려 있다. 현재 오봉숙(여, 66세) 도령(道靈)이
교단 대표이며, 실무 책임은 임운암 도무원장이 맡고 있다.

2003년 현재 무량천도의 신앙대상은 '천지부모님'이며, 옥황상제와 지
황님으로 불린다. '무량궁(無量宮)'이라는 2층 신단에 1980년대 초에 제작
된 화려한 황금빛 복색을 입은 모습의 영정으로 모셨는데, 도인들은 6번
배례하는 이른바 '궁배(躬拜)'를 한다.

10여 년 전부터 관제에 대한 신앙은 하지 않는다. 예전에는 정문을 들어
서면 오른쪽에 있는 별관에 3m 정도의 소상으로 관제를 모셨고, 유비,

---

530) 이강오, 『한국신흥종교총감』(대흥기획, 1992), 1603쪽.
531) Gernot Prunner, op.cit., p.59. 원래『명성경』은 17세기에 중국에서 간행된 책이다.

장비, 오호장군, 관평 등의 신위는 화상(畵像)으로 모셨다고 한다.

현재 무량천도는 매년 양력 1월 초, 3월 29일 개문절(開門節),532) 5월 5일 명성절(明聖節),533) 8월 15일부터 1주일간 수련기도주간, 10월 15일 제향절에 전국의 도인들이 모인다. 명성절이 여전히 지켜지고 있다는 점에서 관제신앙의 영향이 확인된다.

모임 때마다 60여 명의 도인들이 참석하며, 전국에 5개의 지부가 있다.

무량천도의 무량궁

도인들이 오랜만에 만났을 때에는 남녀, 나이, 직업에 관계없이 서로 큰절을 하며 가정에서도 부부 사이에 서로 큰절을 한다. 그리고 도인들 사이에 말도 예대를 하는 것이 원칙이다.

현재 무량천도에서 사용하는 경전인 『경문(經文)』은534) 주문과 창교주가 지은 가사를 모아 놓은 것이다. 주문은 「천황경(天皇經)」, 「지황경(地皇經)」,535) 「성제보고(聖帝寶誥)」, 「와룡선생보고(臥龍先生寶誥)」, 「성제십육자보고(聖帝十六字寶誥)」, 「신장법문(神將法文)」이536) 있고, 가사는 「천

---

532) 창교주 월경 김진하 천사의 생일이다.

533) 관성제군 기도일이다.

534) 이 책은 1946년에 월경 김진하가 저작하여, 이듬해에 발행한 67면의 소책자다.

535) 이강오의 보고에서는 지황님 다음에 "팔도명산신령합(八道名山神靈合) 달응·달아(達應達我)"가 나온다. 이강오, 『한국신흥종교총감』(대흥기획, 1992), 940쪽. 그런데 현재의 경문에는 "관세음보살"로 바뀌었다.

536) 신장법문의 마지막에 "오방천존(五方天尊) 오방신장(五方神將) 정래정래(靜來靜來) 무곡성군

도가(天道歌)」, 「선녀가(仙女歌)」, 「초월가(初月歌)」가 있다. 일반적으로 「천황경」, 「지황경」, 「신장법문」만 기도할 때 외운다.[537]

「천황경」은

    1. 천부천황(天父天皇) 옥황천존(玉皇天尊) 상제님(上帝任)

    2. 북두성군(北斗星君) 달응달아(達應達我), 동두성군(東斗星君) 달응달아(達應達我), 남두성군(南斗星君) 달응달아(達應達我), 서두성군(西斗星君) 달응달아(達應達我), 조화무궁(造化無窮) 인신합(人神合)

    3. 천부천황(天父天皇) 옥황천존(玉皇天尊) 상제님(上帝任) 사두성군 달응달아(達應達我) 조화무궁(造化無窮) 인신합(人神合)

이 전문이다.

신도들은 「천황경」에 나오는 북두성군을 노자로, 동두성군을 공자로, 남두성군을 석가로, 서두성군을 예수로 믿는다. 그리고 '달응달아'는 신이나 신장(神將)이 나에게 기(氣)로써 응하게 만드는 구절이라고 한다. 여기서 예전에 계룡산에 있었을 때처럼 공개적으로 외래 신격을 모시지는 않지만, 내용적으로는 여전히 믿고 있음을 알 수 있다.

한편 무량천도의 「성제보고」는 원래의 「관성제군보고」에서 지(之)를 집(執), 토(土)를 토(吐), 루(壘)를 로(露), 유(幽)를 유(由), 주(註)를 주(主), 집(執)을 집(集), 도(度)를 도(道) 등으로 바꾸었다.

그리고 「성제십육자보고」는 "삼계복마(三界伏魔) 대제신위(大帝神威)

(武曲星君)"이 있었다고 한다. 이강오, 『한국신흥종교총감』(대흥기획, 1992), 940쪽.
537) 필자가 2003년 8월 31일 대전에 있는 교단 본부를 찾아가 임운암 도무원장에게 들은 내용이다.

원진천존(元眞天尊) 관성제군(關聖帝君)"이 전문인 짧은 주문이다. 이는
관제에게 내린 시호를 잘못 풀이하여 네 부분으로 나눈 것으로, 원(元)과
진(眞)이 틀린 글자다. 보고문이라고 하면서 매우 짧은 것도 독특하고,
증산교의 오주에 나오는 부분과도 다르다. 어쨌든 잘못 이해한 측면이
있다고 보인다.

또 「신장법문」에는 "육성육갑육을육병육정육무육기육경육신육임육계
(六星六甲六乙六丙六丁六戊六己六庚六辛六壬六癸)"라는 표현이 들어가 있
어서 이들도 신장으로 해석될 여지가 있다.

그리고 「초월가」에 "천하천(天下天) 천하의(天下義)로 관공성(關公聖)
이 출세(出世)하시니 충의대장(忠義大將) 발적(發蹟)이라."라는 내용과
"일계월계(日繼月繼) 총(總) 일년부(日年部)로 주장(主掌)하니 관성(關
聖)이요."라는 구절이 보인다. 이는 날과 달이 이어지는데 해가 맡은 년간
을 주장하는 존재가 관성제군이라는 뜻으로 보인다. 앞뒤 문맥과는 별로
상관없이 나온 글이다.

또 "앞장선 자 누구신고, 삼국명장(三國名將) 관성(關聖)되사, 조선국을
애호(愛護)하야, 임진란에 신병신졸(神兵神卒) 거느리고, 우리 나라 구했
으니, 백성된 자 잊을손가?"라는 구절도 보인다.

무량천도는 창교자가 금강대도의 신자였다는 점에서 관제신앙의 영향
을 받았음이 명백하다. 이후 금강대도가 창교자를 미륵불로 받드는 신앙
으로 바뀌어가자, 월경 김진하는 자신이 관성제군의 명을 받았다고 주장
하면서 새롭게 교단을 창설하게 된다. 그러나 무량천도는 처음에는 관제
신앙이 중심이었으나, 점차 주변의 다른 신종교들의 영향을 받으면서 천
부천황과 태을천모가 주 신앙대상으로 바뀌었다. 결국 1970년대 후반에
이르러 관성제군 등의 신격은 신앙대상에서 제외되기 시작했다. 현재 무

량천도에서는 관제신앙을 하지 않지만, 보고문과 가사 등에서 그 흔적을
일부 확인할 수 있다.

6. 미륵대도

미륵대도금강연화종(彌勒大道金剛蓮華宗)은 1984년에 나진홍(羅鎭弘,
1941~현재)이 창교한 교단이다. 인천광역시 연수구 옥련동에 제1종무
원이 있고, 강원도 영월군 하동면 대야리에 제2종무원이 있다. 그리고
2003년 현재 전국 12개 선원(宣院)에 100여 개의 교당이 있으며, 신도
수는 1만여 명이라고 주장한다.

이 교단을 창립한 나진홍은 1941년 4월 28일 충북 청원군 강외면에서
출생했다. 고향에서 국민학교를 마치고, 일찍이 계룡산에 입산하여 구도
생활을 계속했다. 24세 때 동림산(東林山)에 있는 사찰에 놀러갔다가 해
와 달이 중천에서 마주치는 꿈을 꾸는 신비체험을 했다.[538] 그 후 그는
불가에 귀의하여 스님이 되어 여러 명찰을 찾아다니며 수도했으며, 한때
영주 부석사 주지를 맡기도 했다.

1984년 5월 5일 나진홍은 상제천지(上帝天地)님의 대명(大命)으로 미
륵대도금강종(彌勒大道金剛宗)을 세워 건성사부(乾聖師父)가 되고, 그의
부인은 미륵대도연화종(彌勒大道蓮華宗)을 세워 곤성사모(坤聖師母)가
되었다고 주장했다.[539] 이들이 합일되어 이룩한 교단이므로 교명이 미륵

---

538) 『선천개도(先天開道) 5천년과 후천법립(後天法立) 12년 종사(宗史)』(1996), 7쪽.
539) 『개관(槪觀) -오만의성(五萬義誠)-』(미륵대도 총무원, 1995), 41쪽. 그들은 각각 도주도불성
   사(道主道佛聖師)와 원주원불성사(圓主圓佛聖師)라고도 불린다.

대도금강연화종이라고 한다.

교단을 창립한 나진홍은 그 뒤 천지대명(天地大命) 성제절(聖祭節), 어천절(御天節), 개천절(開天節)을 제향일(祭享日)로 정하고, 여러 곳에서 천제를 지내는 등 다양한 활동을 전개했다.

미륵대도의 신앙대상은 창조주 천지님·구세주 미륵대불이다. 천지만물을 창조하신 조물주 천지상제님의 자연정리(自然正理)를 교근(敎根)으로 삼고, 민족시조님의 삼진귀일 대리(大理)에 순응하여 홍익이념을 한민족의 가훈으로 정립한다. 나아가 단군자손인 구세주 미륵성현의 원정방(圓正方) 대도덕 삼합진리로 인류를 널리 구제하여 신령통달케 하여 경천지(敬天地) 사상을 실천하고자 한다.

미륵대도라는 교명에 그 취지와 사상이 그대로 드러나 있다. 미륵대도란 천·지·인이 하나로 합치되어 삼위일신(三位一神)이 된다는 뜻이고, 유·불·선의 종교가 하나의 진리로 합쳐 삼합일리(三合一理)의 법이 된다는 뜻이며, 심(心)·성(性)·신(神)이 하나로 합쳐 정인(正人) 곧 원만한 사람이 된다는 뜻이라고 주장한다. 그리하여 세 고리를 한 고리로 꿰어 이끌어 간다는 뜻이 바로 미륵이라고 풀이한다. 결국 유불선 삼도를 하나로 합쳐 대도덕 무상진리로 용화세계를 창조하자는 것이며, 오만년 동안 억조창생을 구원할 종교가 바로 미륵대도라고 주장한다.

특히 미륵대도는 후천개벽운이 창조주 옥제천지(玉帝天地)님께서 하강하신 갑자년(1984년) 5월 5일부터 시작되었다고 주장한다. 이때부터 천·지·인의 삼생문(三生門)이 열렸고, 미륵대성(彌勒大聖)께서 오만년 동안 억조중생을 구제하기 시작했다고 한다.

미륵대도는 1985년부터 삼계복마대제(三界伏魔大帝) 관성제군님을 유불선 삼종일합법리(三宗一合法理)의 주인공이신 삼불세존(三佛世尊)님의

미륵대도의 건곤대성전

미륵대도의 신단

정법신장(正法神將)으로 증명하고 대성전에540) 봉안하여 신앙했다. 그
이유는 관성제군이 "정사죄과(定死罪過)와 탈명흑적(奪命黑籍)과 고찰제
신(考察諸神)의 감제군선(監制群仙)을 맡았기 때문"이라고 주장한다.541)
여기서 이유로 붙인 것은 「관성제군보고」에 나오는 내용이다.

그런데 미륵대도에서 사용하는 「관성제군고(關聖帝君誥)」는542) 글자
가 빠지거나 잘못 들어간 것이 금강대도의 「관성제군보고」와 완전히 똑같
다. 따라서 최소한 「관성제군보고」만 놓고 볼 때, 미륵대도가 창립년도가
앞서는 금강대도의 영향을 받았음을 명백히 확인할 수 있다.

미륵대도에서는 관성제군 제향일을 음력 10월 19일로 정했는데, 그
이유는 밝히지 않았다. 또 문창제군 재일은 음력 2월 3일로 정했는데,
부우제군 재일은 없다.543)

한편 미륵대도 신자들은 미륵성현이 이 땅에 용화세계를 창조하시기
전에 관성제군님과 문창제군님, 부우제군님이 먼저 사바세상에 화현하셨
다고 믿으며,544) 특히 관성제군을 창조주이신 천지님과 구세주이신 미륵
내불님을 보호하는 신장으로 받든다.

미륵대도에서는 현 교주를 도주도불성사(道主道佛聖師)로 그의 부인을
원주원불성사(圓主圓佛聖師)로 부르고 있는데, 실제로 신도들은 교주를
미륵불의 화신으로 믿는다. 결국 미륵불을 섬기는 미륵대도에서는 관제를
협시보살로 신봉한다.

미륵대도에는 『육십사보고경(六十四寶誥經)』이545) 있는데, 이 가운데

540) 『미륵대도 법요집』(미륵대도 총무원, 1984), 13쪽.
541) 『개관(槪觀) -오만의성(五萬義誠)-』(미륵대도 총무원, 1995), 43쪽.
542) 『미륵대도 법요집』(미륵대도 총무원, 1984), 24쪽.
543) 『미륵대도 법요집』, 9쪽. 「문창제군보고」와 「부우제군보고」는 25쪽과 26쪽에 있다.
544) 『미륵대도 교화일문』(미륵대도 총무원, 1995), 31쪽.

미륵대도의 법회 모습

「관성제군고(關聖帝君誥)」, 「문창제군고(文昌帝君誥)」, 「부우상제순양노
조고(孚佑上帝純陽老祖誥)」도 실려 있다. 이와 관련된 "『정통도장경(正統
道藏經)』에서 진수정회(眞髓精會)한 것을 그대로 『대성경(大聖經)』으로
쓸 것을 정했다."는 기록으로546) 보아, 중국 도교의 경전에서 그대로 발췌
한 것으로 추정된다.

한편 이 교단의 대도십조행(大道十條行)인547) ① 하늘과 땅을 공경하라
(敬天地), ② 대불님께 항상 예배를 드려라(禮佛祖), ③ 조상을 받들고

---

545) 구천현조고(九天玄祖誥), 옥청고(玉淸誥), 상청고(上淸誥), 태청고(太淸誥), 태양제군고(太陽
帝君誥), 태음황군고(太陰皇君誥), 천황고(天皇誥), 뇌조고(雷祖誥) 등 64개의 보고문이 수록되
어 있다.
546) 『선천개도(先天開道) 5천년과 후천법립(後天法立) 12년 종사(宗史)』(1996), 18쪽.
547) 『선천개도(先天開道) 5천년과 후천법립(後天法立) 12년 종사(宗史)』(1996) 19쪽에 수록되
어 있다. 이 외에도 36계율, 대도십계율(大道十戒律), 대도육보훈(大道六寶訓)이 있다.

섬겨라(奉祖先), ④ 부모님께 항상 효도하여라(孝雙親), ⑤ 나라 법을 항상 지켜라(守國法), ⑥ 스승을 항상 존경하여라(重師尊), ⑦ 지아비와 지어미를 존경하여라(別夫婦), ⑧ 형제간에 항상 우애하여라(愛兄弟), ⑨ 신도간에 항상 화목하여라(睦宗族), ⑩ 친구간에 신의를 지켜라(信朋友)도 금강대도의 경우와 마찬가지로『각세진경』에 나오는 내용과 거의 유사하다.

미륵대도금강연화종의 건곤대성전(乾坤大聖殿) 3층에는 관성제군의 화상이 모셔져 있다. 앉아있는 관성제군의 뒤로 관평과 청룡언월도를 든 주창이 시립해 있는 매우 화려한 그림이다. 특히 미륵대도는 관성제군 재일을 기념하고 있다.548) 따라서 미륵대도는 현재 한국종교 가운데 관성제군에 대한 구체적인 의례를 행하고 지키고 있는 유일한 교단인 셈이다.

미륵대도의 관제 초상화

---

548) 이 교단에서는 호법대장군, 한민족시조비님, 용왕선신, 산왕선신, 단군시조님도 탄신일과 재일을 기념하는 의례를 행한다. 그리고 수련한다는 의미의 기선(祈禪)이라는 독특한 용어를 사용하고 있는데, 조왕기선, 칠성기선, 산신기선 등이 있다. 2002년 11월 29일에 필자가 현지조사한 내용이다.

7. 기타 교단

한말(韓末) 서울 사람 안석현(安奭鉉)이 남산의 약수터 위에 묘당(廟堂)을 짓고 이곳에 제갈무후(諸葛武候)를 봉안하여 시민의 기복(祈福), 소재(消災), 치병(治病)을 기원하였다. 그 후 이 묘당이 화재로 소실되자, 김교상(金敎商)이 다시 이곳에 묘각(廟閣)을 짓고 무후묘(武候廟)라 불렀고, 관운장(關雲長)까지 봉안하여 한 때 관왕묘(關王廟)의 지부 행세를 하기도 했다.549) 해방 후에는 단군까지 봉안하고 그 옆에 불당(佛堂)을 세워 와룡암(臥龍庵)이라고 불렀다.550) 이강오는 이곳에 제갈량과 관운장을 모신 것은 유교적인 면에서 그들의 충절을 숭봉하는 것이고, 단군을 모신 것은 국조숭배에 의한 민족의식의 고취에 있지만, 와룡암의 신앙대상의 중심은 샤머니즘적이라고 평가했다.

대화교(大華敎)는 제1세 교주 손은석(孫殷錫)을551) 계승한 윤경중(尹敬重)이 교주가 되어 1923년552)에 교명을 확정했다. 종지가 불교적인 것으로 알려졌고, 서울 계동에 본부가 있었다. 1928년경에 교도수가 5만명에 이르렀을 정도로 한때 교세가 상당했지만, 만주에 토지를 구입하여 농장을 경영하면서 이상적인 사회를 세우려 했지만 간부들의 내분으로 인해 실패했다. 이에 낙담한 윤경중은 고향인 만경군에 돌아와 허송세월하다가 1930년에 사망했다. 대화교로 개칭한 이후의 교의는 미륵불을

---

549) 이강오, 앞의 책, 738쪽.
550) 이경선이 1969년 8월에 조사한 바에 따르면, 중앙에 제갈공명을 모시고, 우측에는 단군, 좌측에는 관운장을 배향했는데 각각 화상(畵像)이라고 한다. 이경선, 앞의 글, 45쪽. 그런데 관성제군이 황색 도포와 긴 수염을 가진 좌상으로 오른손에 책을 펼치고 다리 사이에 긴 칼을 세운 석고상으로 모셔졌다는 보고가 있다.『서울민속대관』1, 민간신앙편, 269쪽.
551) 처음에는 교명을 제우교(濟愚敎)라고 부르다가, 1920년에 용화교(龍華敎)로 고쳤다.
552) 무라야마, 앞의 책, 420쪽에는 1922년부터 경기도 지역에서 대화교가 활동한다고 적혀 있다.

만경군에 있는 조앙사의 관제 초상 전경

본존으로 하고, 미륵불이 출현
할 무량의 대도를 종지로 삼았
으며, 성심, 수도, 주문, 견성,
해탈을 강령으로 정했다.553)

　현재 전북 김제시 만경읍 화
포리에 있는 조앙사(祖仰寺)는
1923년부터 1937년까지는 대
화교 만경지부였다. 당시부터
지금까지 '절내'라고554) 부르
는 건물 안에 청룡언월도를 오
른쪽에 세워 두고 앉아 있는 관

조앙사의 관제 초상

---

553) 무라야마, 앞의 책, 181쪽. 그는 대화교를 동학교 유사종교단체로 규정했다.
554) 2003년 8월 2일 필자가 주지 송헌(松憲)스님께 직접 들은 이야기이다.

법정사의 관제초상

일관도의 관제상

제가 모셔져 있다. 관제의 오른쪽에는 칼을 든 3명의 장수가 있고, 왼편에도 칼을 든 2명의 장수가 있는데, 장수들의 이름은 알 수 없다. 또 실물 모양의 칼 두 자루도 그림 앞에 놓아 두었다.

김광영(金光榮, 1883~1978) 여사는 1945년 해방을 맞아 불선유(佛仙儒) 삼교합일의 대법으로 후천 용화세계의 개벽을 맞이한다는 삼천일지개태도광사(三天一地開泰道光寺)라는 본전(本殿)을 충남 논산군 연산면 천호리에 세웠다. 1946년에는 본전 서쪽에 용화불 즉 미륵불을 모시는 용화전(龍華殿)을 세웠고, 1947년에는 본전의 서쪽에 단군(檀君)을 모시는 창운각(創運閣)을 건립했다. 그리고 1949년에는 본전 남쪽에 산(山)자 형의 48칸 부속건물을 지어 우주당(宇宙堂)이라고 이름짓고, 그 가운데에 충의전(忠義殿)이라는 명칭으로 관운장을 화상으로 모셨다. 그녀는 이 모든 것이 관음보살(觀音菩薩)의 명령에 의한 것이라고 주장했다.[555]

김판례(金判禮, 1916~?)가 1946년 7월 대전시 대사동에서 창립한 용화불사의 신앙대상은 용화주대미륵대세존, 단군성전, 천지보살, 관세음

555) 이강오, 『한국신흥종교총감』(대흥기획, 1992), 351쪽.

일관도의 관제 신단

보살, 옥황상제, 관운장 등이다.556)

또 계룡산 신도안에 있던 법정사를 창건한 무심대사도 관성제군을 모셨던 것이 사진으로 확인된다.557) 관제는 앉아있고, 그 뒤에 4명의 장수가 선 채로 호위하고 있는 모습이다.

1947년에 중국에서 유입된 일관도(一貫道)는 도덕기초회, 국제도덕협회, 대한도덕회, 도덕성회, 신령도덕회, 개천민족회, 도덕성회본부본원

556)『한국신종교 실태조사보고서』(한국종교학회, 1985), 700쪽. 이 교단은 영계에서 가장 높은 지위에 있는 단군을 신앙하고 있다고 한다.
557) 이강오, 앞의 책, 1415쪽.

장충동의 관성묘

방산동의 성제묘

등으로 분파되었다.558) 이들 교단의 주된 신앙대상은 명명상제(明明上帝)와 미륵불인데, 관성제군도 주요한 신격으로 모신다. 특히 도덕회는 각위법률주(各位法律主)로서 관성제군, 남해고불(南海古佛), 환후대제(桓候大帝), 여동빈, 동악대제(東嶽大帝), 지장고불(地藏古佛) 등을 모신다.559) 그리고 대한도덕회는 관운장, 관세음보살, 제공활불(濟公活佛), 여조선(呂祖仙)을 숭상의 대상으로 삼는다.560)

서울시 중구 장충동에 있는 관성묘는 서울시 민속자료 6호로 지정되어 있다. 일설에는 순헌황귀비가 창건했다고 하지만 확인할 길이 없다. 묘당 정면에 18세기 화풍으로 그려진 관제상과 관제의 부인상이 모셔져 있고, 측면 칸에는 무인상과 문인상이 그려져 봉안되어 있다.

서울시 중구 방산동에 있는 성제묘는 서울시 유형문화재 제7호로 지정되어 있다. 현성전(顯聖殿)이라는 현판을 걸었으며, 묘당에는 관웅장군 내외분의 영정을 모셨다. 관운장은 오른쪽에, 그의 부인은 왼쪽에 배치한 것이 특색이나. 이 외에도 권우, 육친대시, 장비 등으로 추정되는 탱하 7점이 걸려 있다.

---

558) 유병덕, 김홍철, 양은용, 앞의 책, 213쪽.

559) 『한국신종교 실태조사보고서』(한국종교학회, 1985), 105쪽.

560) 『한국신종교 실태조사보고서』(한국종교학회, 1985), 339쪽. 원문에는 제공불(濟公佛)로 되어 있으나 오기이다. 제공활불은 남송의 도제(道濟)라는 법명을 지닌 스님으로 본명은 이수연(李修緣, 1131~?)이다. 재앙이 닥친 사람들을 도와주고 가난하고 아픈 사람을 도와준 그의 대자대비한 원력을 높여, 그를 제공활불로 부르고 신격화했다.

한국 관제신앙의 특성

중국과 마찬가지로 우리 나라도 왕실에서 먼저 관제를 모시기 시작했다. 따라서 관제신앙이 도입된 정유재란 시기에는 타의적으로 강요된 신앙이었기에 위정자들조차 믿지 않았다. 그 후 국가에서 관왕묘를 건립하고 관리하면서 의례를 정비하는 등 적극적인 정책을 편 결과 우리 나라에도 점차 관제신앙이 민간에 유포되기 시작했다. 즉 관왕묘 의례가 국가적인 전례로 확정되었고, 소사에서 중사로 격이 높아졌으며, 의례에 사용할 음악을 따로 지었다.

이러한 위로부터의 믿음이 점차 일반 민중에게까지 확산되었다. 그리고 조선 선조대에 『삼국지연의』가 유입되어 민간에 널리 확산됨에 따라 점차 관우에 대한 숭배의식이 발달했다.

조선 숙종 이후 영조, 정조 등의 왕들은 왕권을 강화하기 위한 방편으로 관제신앙을 강조했고, 관왕묘 의례에 대해 깊은 관심을 가졌다. 그리고 고종은 혼란한 정세에서 야기된 불안감을 해소하기 위해 명성황후와 함께 개인적으로 무속적인 관제신앙에 심취하였다. 또한 중국과 마찬가지로 우리 나라도 고종이 대한제국을 세워 황제로 등극한 이후 황제의 자격으로 1902년에 관왕을 관제로 높이고 '현령소덕의열무안관제'라는 시호를 내렸다.

결국 이러한 왕실 중심의 관제신앙은 자연스레 일반인의 관심을 불러 일으켰고, 특히 고종대에는 자신의 몸에 관제가 내렸다고 주장하는 무당들이 여러 명 나타나, 왕실의 관제신앙이 민간으로 퍼져 나가는 결정적 계기가 되었다.

현재 관제를 신앙하는 대표적인 한국종교는 증산교다. 대부분의 증산교단에서는 증산이 지었다는 운장주를 수련할 때나 의례를 행할 때에 외운다. 그러나 증산교는 관제만을 신앙하는 입장이 아니기 때문에, 관제의 탄신일이나 기일을 기념하는 의례는 찾아볼 수 없다. 또한 관제를 보필하는 관평이나 주창 등의 보좌 장수들은 전혀 숭배하지 않고 화상이나 위패도 찾아볼 수 없다.

그리고 선음즐교와 금강대도에서 잠시 관제신앙과 관련되어 문창제군과 부우제군이 신앙된 경우는 있었지만, 한국종교 전체를 조망해 보았을 때 문창제군과 부우제군에 대한 신앙은 거의 찾아보기 어렵다. 이는 중국의 경우와 대비해 보았을 때 뚜렷이 확인되는 한국종교의 특성이다. 필자는 문창제군과 부우제군이 한국인에게는 익숙하지 않은 낯선 신격이기 때문에 숭배나 의례화가 이루어지지 않았다고 생각한다. 반면 관제는 『삼국지연의』를 통해 한국인들에게도 친숙한 신격으로 자연스레 받아들여질 수 있었기 때문에 신앙화가 가능했다고 본다.

한편 금강대도는 관제신앙으로 출발했지만 미륵신앙 중심의 불교적 신앙으로 바뀌었다. 그리고 무량천도는 금강대도의 이러한 신앙 변이에 반기를 들고 관제신앙을 수호하기 위해 출발했지만, 역시 시간이 지나면서 천부천황 신앙으로 바뀌었고 급기야 관제신앙 자체가 없어졌다. 그리고 미륵대도는 금강대도의 불교적 성향을 그대로 이어받았는데, 금강대도에서 소외된 관제를 적극적으로 받아들였다. 그러나 미륵대도도 주된 신앙 대상인 미륵불을 보좌하는 신으로서 관제를 신앙한다. 결국 한국종교사에서 관제만을 중심으로 믿었던 교단은 이미 사라진 관성교 밖에 없다.

중국의 관제는 거의 만능신적 신격이지만, 한국의 관제는 제한적인 기능을 지닌 신격으로 믿어진다. 관제를 신앙하는 한국종교들에서 우주 전체를 관장한다고 믿어지는 신격은 따로 있다. 따라서 한국종교의 관제신앙에서 나타나는 또 다른 특성은 관제가 상제, 천지상제, 미륵불 등 이른바 새로운 세상을 건설할 '구원의 절대자'로 믿어지는 신격을 보호하거나 호위하는 보좌신으로 신앙된다는 점이다. 즉 중국의 만능신적 관제신앙이 한국종교의 독특한 구원관의 범주로 편입되었다.

관제를 최고 주재신인 (옥황)상제를 보필하는 신격으로 믿는 교단은 증산법종교, 증산교, 보화교, 미륵불교, 증산대도일화장, 태극도 등 대부분의 증산교단이다. 그리고 관제가 미륵불과 관련된 호위신으로 숭배되는 교단은 금강대도, 미륵대도, 개태사 등이 있다.

또 증산교의 신앙대상인 증산이 옥황상제이자 미륵불 또는 하느님으로 믿어진다는 점을 고려하면, 관제는 새 세상을 이룩할 최고신을 보호하는 막중한 임무를 맡은 존재다. 이처럼 관제는 애초에 성립된 중국이라는 토양을 벗어나 우리 나라에 유입되어 오랜 시간이 지나는 동안 한국종교의 새로운 신격에게 복속되고 말았다.

중국의 전쟁신 관우는 한국에 들어와서 증산교, 금강대도, 미륵대도 등의 경우에서 알 수 있듯이 최고신을 보호하는 신격으로 믿어진다. 결국

관제가 가장 주요한 신격으로 믿어지고 그를 호위하는 장군신들이 하위에
있는 중국의 관제신앙과는 달리, 우리 나라에서는 관제가 보다 격이 높다
고 믿어지는 신을 보좌하는 신격으로 숭배된다.

이러한 경향은 무량천도가 처음에는 관제만을 모시는 신앙에서 출발했
지만, 시간이 흐르면서 관제의 능력만으로는 해결할 수 없는 보다 궁극적
인 차원에서 세상을 변혁시키는 존재에 대한 믿음이 새롭게 제기되어 천부
천황, 옥황상제 등이 주된 신격이 받들어지자, 끝내 관제신앙이 점차 사라
지는 사례를 통해서도 확인된다.

그렇지만 관제는 여러 한국종교 교단의 위계질서에 있어서 여전히 최상
위층에 속하는 신격으로 믿어지는 중요한 신앙대상이라는 점이 간과되어
서는 안된다.

또한 관제가 중국에서는 전쟁의 승리를 가져다주는 무신(武神)과 부귀
와 영화를 주는 재신(財神)으로 신앙되었으나, 한국에서는 관왕묘를 중심
으로 한 상인계층에서의 부정기적인 의례 등 극히 일부 지역에서만 재신으
로 받들어졌다. 오히려 한국 신종교에서 관제는 전쟁 때 무용을 과시하는
신격이 아니라, 수련할 때 삿된 기운이나 사귀로부터 수련자를 보호하는
신격으로 더욱 신앙되었다는 점도 독특하다.

그리고 관제만 독립된 신격으로 모셔지지 않는다는 점이 한국 관제신앙
의 또 다른 특성이다. 한국에서는 관제만을 모시는 경우가 거의 없으며,
관제는 여러 신격 가운데 하나로 믿어진다. 관제가 유교, 불교, 도교 등
여러 종교의 신격들과 함께 모셔졌고, 특히 무량천도의 경우에서 확인되
듯이 그리스도교의 신격이나 무속의 신격과도 같이 모셔지기도 했다. 여
기서 한국종교의 통합주의적인 특성을 다시 한번 확인할 수 있다.

한편 일부 증산교단에서는 관우 자신이 원치 않은 억울한 죽음을 당했다

는 역사적 사실에 근거하여, 관제가 원한을 맺은 신명들을 대표하는 '만고원신(萬古寃神)의 주벽'으로 믿어지기도 한다. 이는 관제가 해원(解寃)을 구체적으로 주도하는 신격으로서 장차 새 세상을 만들기 위한 증산의 천지공사(天地公事)에 깊이 관련되어 있다는 믿음의 반영이다.

국가적 차원의 관왕묘 의례는 기록으로만 남아있고, 이미 1908년경에 사라졌다. 이후 관성교가 창립되어 관제를 모시는 일련의 종교의례가 있었으나, 이 역시 현대화의 물결을 견뎌내지 못한 관성교의 소멸과정과 함께 역사의 무대에서 물러났다. 현재 관제를 모시는 의례와 기념일을 준수하는 교단은 최근에 창립한 미륵대도 뿐이다. 물론 미륵대도 역시 관제신앙이 주된 신앙은 아니다.

관제신앙의 현세적이며 기복적인 측면이 19세기 후반부터 20세기 초엽까지 우리 나라에서 독자적인 형태로 전개되었는데, 특히 무속이나 민간신앙에서 확인된다. 그러나 오늘날 관제는 모든 굿에 나타나는 일반적인 신이 아니며, 관제를 몸주로 모신 무당의 굿에서만 나타나는 제한된 신이다.

반면 현재 한국종교에서 관제에게 복을 빌거나 아들을 낳게 해달라거나 수명을 늘려달라는 기복적인 바람은 거의 찾아볼 수 없다.

이와 관련하여 이경선은 우리 나라의 관제신앙은 중국에서처럼 민간에서 생활화된 것은 아닌데, 그 이유는 타의에 의해 이루어진 것이고 우리 민족의 성격에서는 용납이 잘 안되었다고 주장했다.561)

또 어떤 사람은 관제신앙을 중국에 대한 사대주의의 잔재로 보기도 한다. 즉 중국의 일개 무장(武將)이었던 관우를 숭배하는 일이 국가의 위신이나 민족의 자존심을 상하게 하며, 특히 종교적 이념으로 신앙할 가치가

561) 이경선, 앞의 글, 47쪽. 특별한 이유는 밝히지 않았다.

없다고 주장한다.562) 그러나 현실적으로 한국종교에서 관제신앙은 엄연히 존재하며, 중요한 신격으로 믿어지고 있다. 다만 각 교단에서 관제신앙에 대한 구체적인 내용을 제시한 것이 별로 없으며, 왜 신앙하는지에 대해 신도들에게조차 특별한 설명을 제시하지 못하고 있는 실정이다.

562) 조용구, 「사대주의의 잔재 관왕묘」, 『한글한자문화』 5권(1999), 32쪽~33쪽.

V

맺음말

3세기 초에 죽은 중국의 장군이었던 관우는 7세기 중엽에 이르러 그의 고향과 그가 생전에 활동했던 곳에서 위대한 인물 또는 지역의 수호신으로 숭배되기 시작했다. 이후 중원이 이민족에 의해 유린되는 절체절명의 국가적 위기상황에서 중화왕조는 관우를 '중화족을 보호하는 민족·국가수호신'으로 받들었다.

이에 따라 중국 제왕들이 관우에게 시호를 내리기 시작한 이래 12세기 중엽에 관우는 왕에 봉해졌고, 다시 100여 년이 지난 후에는 마침내 신으로 믿어졌다.

중국에서 완결된 형태로 우리 나라에 유입된 관제신앙은 초기에는 일반인들은 물론 위정자들에게서조차 외면당했다. 그러나 시간이 흐르면서 관제신앙은 무엇보다도 봉건질서의 강조라는 측면에서 나라를 다스리던 왕들의 구미에 맞았다. 특히 중화족의 정권이 중국대륙에서 사라진 상황에서 이민족인 청(淸)에 대한 대결의식을 드러냈던 조선은, 병자호란의 발발로 인해 중국과 마찬가지로 국가존망의 위기를 겪었고 막대한 물질적 손실과 함께 정신적 수모를 당했다. 이에 조선은 현실에서는 결코 이길 수 없었던 청나라를 정신적으로나마 이기려 했다.

이러한 맥락에서 조선은 중화의 온전한 정신적 계승자라는 자긍심을 소중화(小中華)로 표현하면서까지 결코 청나라에 굴복할 수 없다고 강조했다. 중국 대륙에서 명나라의 멸망과 함께 중화의식은 사라졌지만, 이제 우리 조선이 중화정신의 본질적인 핵심을 고스란히 간직해 나갈 것이라는 주체성의 표현이었다.

조선에서도 왕실을 중심으로 단순히 중화족의 신앙대상이라는 차원을 넘어서서 관제(關帝)를 '우리 나라와 민족을 지키는 수호신'으로 적극적으로 받아들였고, 시간이 흐르면서 이러한 집권층의 믿음이 점차 일반 민중에게까지 영향을 미쳤다.

한편 왕실에 의해 관제신앙은 실추된 왕권을 강화하기 위한 정치적 의도로도 수용되었다. 특히 숙종이 선조 이후 쇠락해 가던 우리 나라 관제신앙에 회생의 불씨를 당겼다. 이후 영조, 정조, 고종 등도 왕권강화라는 잣대에서 관제신앙을 더욱 적극적으로 유도하였다. 이처럼 왕실 중심의 관제신앙이 강화되는 과정에서, 전국 각지에 건립되었던 관왕묘를 중심으로 민간신앙이 싹트기 시작했고, 일부 지식층도 관제에 대해 관심을 가지기 시작했다.

한편 20세기 초까지도 일반 민중들은 개인과 가정의 안락을 위해 관제의 영험을 바라거나 기껏해야 한 해의 운수를 일년에 한 번 점치는 대상으로만 받아들였다. 그러나 이러한 관제신앙의 세속화 과정에 반기를 들었던 사람들도 상당수 있었다.

19세기 말 서울에서 불교와 도교의 신앙과 수련을 목적으로 결사한 선음즐교가 관제에 대한 여러 서적을 중국으로부터 들여왔고, 때마침 명성황후의 관제숭배무당에 대한 믿음에 영향을 받았던 고종이 개인적인 취향, 국가정세의 혼란 등의 이유로 관제에 더욱 관심을 가져 각종 도가서들을 언해하여 민중교화의 방책으로 이용했다.

또 한국 신종교의 대표적인 교단의 하나인 증산교의 창시자 증산 강일순은 1909년에 중국에서도 찾아볼 수 없는 독창적인 운장주를 지어 제자들을 가르쳤다. 이후 후대에 조직된 여러 증산교단에서는 거의 빠짐없이 관제신앙이 확립되었다.

1920년에는 서울 동묘를 중심으로 관성교가 조직되어 활동했고, 관성교의 신앙체계는 금강대도로 이어졌으며, 다시 금강대도의 관제신앙은 무량대도와 미륵대도로 계속 이어졌다.

현재 한국 관제신앙의 중심은 운장주를 외우고 관제를 상제의 보좌신, 수련자들의 보호신, 사악한 신명을 물리치는 정의신으로 믿는 증산교다. 그러나 여러 증산교단에서 관제에 대한 정기적인 기념일은 찾아볼 수 없고, 관제에 대한 독자적인 의례도 규정되어 있지 않다.

중국의 관제신앙이 점차 개인신앙의 기복적인 형태로 남을 것이라는 전망이 있지만,563) 우리 나라에서는 그럴 가능성은 별로 없어 보인다. 앞으로도 관제는 한국종교에서 충의의 화신이자 수행자를 보호하는 신격으로서 계속해서 그 생명력을 유지할 것이다.

이러한 전망이 가능한 것은 한국인들의 정통주의적 경향과 물질적인 재화보다는 정신적 규범을 우선시하는 삶의 태도에서 그 단서를 찾을 수

---

563) 관제를 모시는 건물이 사라지고 개인이 집에서 신앙할 것이며, 위엄있는 모습도 점차 친근감있게 순화되어 점차 신앙이 확대될 것이라고 전망한다. 특히 관제가 무신에서 재신으로 더 믿어질 것인데, 이는 중국의 경제 중심 정책과도 연관된다고 보았다. 方北辰, 「中國大陸關羽崇拜的現狀及趨向」

있다. 우리 나라 사람들 특히 종교인은 신명계 서열이 높다고 믿어지는
관제에게 재물이나 복록 등 세속적인 것을 비는 대신 정의로운 가치관과
궁극적인 삶의 자세를 배우기를 원하는 것이다.

인간이 살아야 할 거의 모든 규범적 가치를 솔선수범한 관우에 대한
선양과 함께 옳고 그름을 분별하여 삿된 신을 모두 물리치는 엄청난 위력
을 지녔다는 관제에 대한 믿음을 되살리는 일은, 무엇이 옳고 그른지에
대한 가치판단조차 쉽지 않은 혼돈의 시대를 사는 오늘날의 우리 모두에게
필요한 일이라고 필자는 생각한다.

『삼국지연의』에 나오는 관우에 관한 많은 이야기가 역사적 사실이 아니
라 소설적 허구임이 밝혀졌다. 그러나 그렇다고 해서 오랜 세월을 거쳐
형성해 왔던 관우라는 이상적 인간에 대한 믿음이 훼손되는 것은 결코
아니다. 허구가 갖는 진실, 아니 역사적 사실을 넘어서는 종교적 믿음의
세계로 관우는 우리를 초대한다. 현실적인 인간이 스스로 노력하고 만들
어가야 할 이상적인 인격이 관우에게 투영되어 결국 그를 관제라는 신으로
믿게 했다.

찾아보기

(ㅇ)

(ㅈ)